U0060194

夢神再現

探究身心靈整合提昇生命能量的新途徑

廖世隆 著

作者請畫家畫下六歲時一次記憶深刻的「白日夢」情景。（見第241頁）

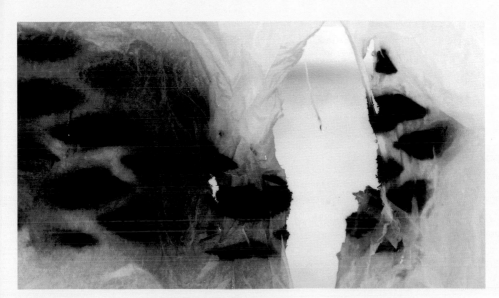

林中明老師贈以〈夏之夢〉以回應本書的主題。

林中明老師贈以「矽谷一字，北斗七星」書法，相映序文，蓬蓽生輝。
（2012.7.28）

按「林中明」老師不僅在科技面：半導體、電腦界，現有美國專利36項（持續增加中），論文及實務都很傑出，擔任美國高科技研發管理顧問，居住矽谷。在文學藝術面，他承繼淵博家學，揚名國際漢學壇，提倡新五經：《易經》《詩經》《孫子兵法》《史記》《文心雕龍》－「舊經典，活智慧」應用於企業管理及科技創新。悠遊於「詩書畫印」四絕，為中華新文化復興，努力不懈。是學貫中西，融會古今，科技兼文藝的典範人物。他已出版《斌心雕龍》《詩行天下》二書，是我最敬佩的老師之一。

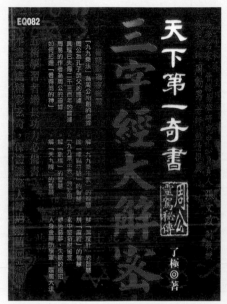

作者之「59夢境」與對應。（見第85頁）

在餐廳外合照。照片前排從左到右分別為張惠福先生、張禮修老師、周勳男老師、林一男老師、徐明乾教授夫婦；後排（中間）為作者廖世隆中醫師。

（照片由張惠福先生提供，見第92頁）

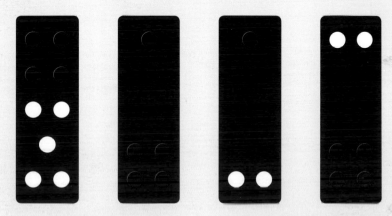

《天九牌》最尊貴的「天人合一」組（由張惠福先生提供圖片後重繪，見第94頁）。

左邊為作者本人，右邊為已故張正懋老國醫。（見第172頁）

當西方夢神遇見東方夢神

　　2011年一個風和日麗的日子，當我在南投快樂地旅遊時，接到廖世隆中醫師的電話，他興奮的告訴我，他找到了古代仙丹的祕訣－「MSM」有機硫化物。其驚喜的情況可媲美希臘「阿基米得」科學新發現的故事。為何我會是接到此訊息的第一人呢？讓我話說從頭：那年我在「光大社區大學」教易經。廖世隆也來學，他上課十分認真，也很愛發問，又表現非凡。有一次我就讓他上台發表心得。紋述他年青時作的夢－在故鄉西螺「遇鬼見財」的經歷，也印證了「玉曆寶鈔」的說法：「二（4）鬼神顯靈的因緣：常顯靈的鬼神，都是前朝當官，在世埋藏錢財於地，死後仍迷戀不捨；魂魄附守在埋錢之地。由於憂愁被挖掘，所以常常現出鬼形來驚嚇人，以致被誤認為顯神跡」。他另外還有幾個夢境，都請人繪圖展現，可見他對「夢」的重視程度。在「光大」我教了三班每班四學期連起來合計四年。結業後，由班代「徐明乾」發起成立「易簡讀書會」，使學員們能有繼續保持連繫及探討易經的機會。又在一次易經講習會，我講了趣味命名「簡道乾（撿到錢）」的笑話，就有人提議將讀書會的名稱更改為「易簡道乾」，既有義涵又很幽默，立即獲得大家通過，延用至今。若欲進一步觀看讀書會的導讀及心

得，敬請查閱「易簡道乾」讀書會網址：http://cgi.blog.roodo.com/trackback/13534509

我們了解近代資訊科技發達，東西文化交流頻繁，未來學問在「生命科學」及「認知科學」方面將會有新進展與突破。前者如：禪修靜坐、特異功能、內外丹道及東西方的煉金術；後者如：認知心理、唯識法相。五法、三自性、八識、二無我。在讀書會上，廖世隆中醫師也常提到「身心靈治病的原理」、「夢的解析」、「道家修煉」等主題。尤其他對榮格的「深層心理學」非常興趣，很希望能找到精通此主題的老師到台中市來開課講習，而「徐明乾」教授善與人同，也要提供場地。我久聞「吳文傑」老師的大名，他是留日主修心理學的碩士，在佛學上、人生禪、心理學及NLP各方面之造詣都很出色，曾在台北主講榮格課程。我動念請他來台中教課，因緣成熟，2009年初我們邀約到吳文傑老師來台中開了四堂「心靈的煉金師——榮格」的課程。上課期間，吳文傑老師在課堂上精湛的演說及豐富的講義外，每次下課後，廖世隆中醫師總是和我，一起陪吳老師到附近的茶館，吃點心、問問題、解疑惑，往往深談到半夜，都還不想回家去。此其一，這算是有意栽花吧！

本書談東西兩夢神之再現，其中西方夢神－榮格部分由指導教授負責；我就站在易學的立場，來談談東方夢神－「周公」吧！2011年，在「易簡道乾讀書會」，由我主講「天下第一大奇書：三字經奇解」，提到不少周公的消息。周公姓姬名旦，亦稱公旦、叔

旦。封地在周（今陝西岐山北）史稱周公。是西周初期傑出的政治家、軍事家和思想家，被尊為儒學奠基人，是孔子一生最崇敬的古代聖人之一。他在政治上實行封建、營建成周、制禮作樂，與易經的關係頗深：根據司馬遷《史記》記載：「文王拘而演周易」，周文王奠定了《易經》以「乾」為第一卦，為六十四卦寫下「卦辭」（卦象的解釋）。他創作的《周易》與神農氏的《連山易》、軒轅氏的《歸藏易》並稱「三易」。又有文王「後天八卦」與伏羲的「先天八卦」對應，形成了現代通行的《易經》。周公是周文王第四子、武王之弟，被認為是「爻辭」（每一爻的解釋）的創立者。他繼承父業，根據《周易》64卦又細述了384爻辭，成為分析宇宙萬物、預測未來、占筮卜卦的依據。

　　一般對周公的印象：夢見周公－打瞌睡；行周公之禮；周公鬥桃花女。由於孔子一句「吾不復夢見周公矣」（我很久沒有夢到周公治理的美好社會了）之言，隱喻周代禮儀文化的失落。使周公被稱為「夢神」。「周公解夢」是我國古代文化遺產，在民間流傳甚廣。它提供了生活篇、情愛篇、文化篇、身體篇、神鬼篇、動物篇、植物篇、建築篇、器物篇、山地篇、天象篇等27篇12大類的夢境解述，內容豐富詳盡，為您解開心中的迷惑！傳統的「夢文化」將夢分為15類：「直夢、象夢、因夢、想夢、精夢、性夢、人夢、感夢、時夢、反夢、借夢、寄夢、轉夢、病夢、鬼夢」。依據夢境對夢作吉凶預測。夢在中國的「五術」：「山、醫、命、相、卜」

當中，歸類在「卜」的項下，以易經的64卦占卜為主流。夢是一個人自己的產品，也只是一個人自己觀看，而神話、童話、民間傳說、非現實的文學藝術作品等，都是可以在人與人之間交流傳播的。有人說易經的來源之一是占夢的著作，易經中大多數卦辭和爻辭及占斷是夢和對夢的占斷。占夢和龜占與蓍草占相結合構成了易經。易經中藏著一本夢書，夫伏羲畫八卦以明天道，文王作卦辭以序人事，周公作爻辭以卜吉凶，合之「易經」乃成。後孔子作十翼以明萬理，曰《易傳》。

再如：「五九之尊」59的說法，正好破解了廖世隆中醫師許久以來的疑惑。周公是「五九之尊」的由來。古聖九位周公居第五：「堯、舜、禹、文王、周公、孔子、曾子、子思、孟子」。「五九」是「天」的最高定位，正對應「周公天尊」「無極玉皇」（武騎聿皇）最後主宰的地位。天父，就是五九之尊。無極的主宰為五九之尊，太極的主宰為九五至尊。天下第一大儒、至神（最高的神明）「周公」。（周公生日是農曆五月十五日）。周道－周公之道。「唐代前，周公與孔子並稱；唐後，孔子與孟子並稱」。孔子是儒家的教主，周公是教祖。孔子為至聖，周公為元聖。元聖周公，以重振儒學為首要指標，指明「天人合一」是最重要的關鍵－人人再次進化。目前供奉周公有三座廟：陝西省西安市岐山縣、山東省曲阜市、河南省洛陽市。又「武騎聿皇殿」於民國86年在台灣新北市淡水區新民街成立。此其二，就屬無心插柳了。

「易簡道乾讀書會」運作，四年有成；廖世隆中醫師《夢神再現》出書，拔得頭籌。由以上二大因緣，對他出書一事很有影響，我都恭逢其盛，乃義不容辭，敘述緣起如此這般。一言以蔽之：「當西方夢神－（榮格），遇見東方夢神－（周公）時，所激出來的火花，發現了身心靈之有形及無形的仙丹」。就以這句話當作這本書的「簡介」吧！是為序。

林一男

2012.8.16（四）

按：林一男是「利高機械公司」董事長。「台中光大社區大學」資深易經老師。「企業家易經學會」－創始會長。「中華國學易經文化研究會」－理事。「台中加工園區讀書會（since1993）」，他當過八年會長，現在是榮譽會長。

有夢，最好

　　本書寫作的「最大動機」，就是要幫助更多的人，從「靈性」面看待「疾病」（身心病痛）。

　　中醫治療疾病，一直強調「根本治療」，要「根本治療」就要知道何謂「病根」？「病根」應從「身的病根」與「心的病根」兩方面探討比較恰當。

　　「身的病根」：中醫透過四診（望、聞、問、切），歸納分析，就是找尋「身的病根」的「好方法」。四診中「切脈」尤其重要，但「心病」在「指下」是很難「鑑別診斷」的。

　　所以「心的病根」，就要從其他方面下手。本書將我多年的經驗寫下來，讓大家瞭解：透過「解夢」找尋「心的病根」是一個相當實用的方法，不管「古今」、「東西方」，都留下相當多可供參考的資料。

　　本書以說故事的方式來敘述，用清楚易懂的方式，來說明「夢」在「身心靈」整合中的價值及意義。

　　期盼透過「病痛」而獲得「靈性成長」，所謂「因病入道」的正面積極角度，最終你會了解：「塞翁失馬，焉知非福。」，才符合《易經》的精神。此生也找到了「生命真正的意義」。「死亡」

將不再是「潛意識」裡最大的「陰影」。

在寫作之前，我一直擔心「靈性之夢」這個領域因材料缺乏可能很難寫成，可是，最後卻和「事實」相反，資料多到需要取捨。在此要特別感謝「淨土宗」的「古聖先賢」，從一千多年前就有遠見，留下很多故事《淨土聖賢錄》可供參考。

當榮格（西方夢神）遇見周公（東方夢神）之後，一場「夢」的身心靈整合革命正默默進行中。

「夢」為「身心靈」的整合，指出一條簡單的道路。

「夢」的覺知，是重要的生命「轉化」工具之一（身心療癒，靈性獲得成長）。

「夢」是生命的引路人。

本書將帶領大家，一窺究竟。

此書猶如新時代賽斯思想「夢的投射與價值完成」真實見證版。

本人透過「靈性之夢」（預知夢），窺見了古代道家（煉丹家）所謂「仙丹」、「仙藥」之中的「祕密」，這個「祕密」竟也藏在熱門韓劇《大長今》之中（後述）。

我期望藉由本書將此「祕密」公諸於世，洗刷古代「仙丹」的「汙名」，讓真正「仙丹」精神再次彰顯，才能重新造福人類的健康。

然而本人所學有限，資源不足，因此也亟盼本書能拋磚引玉吸

引更多的醫藥專家投入此領域的研究，相信不久的將來，重大的發現指日可待。

中醫師 廖世隆

于 台中

2012.5.9

論何謂中國「仙丹」？

大家都知道美國「仙丹」就是「類固醇」，但沒有人可以回答何謂中國「仙丹」。

這個問題，從中國有歷史記載（已二千多年），一直是個未知的祕密，歷史上有多少聖賢豪傑，他們的智慧可以改寫中國歷史，卻因前仆後繼，服食「仙丹」中毒身亡。中國人服食「仙丹」的歷史，就像是一場大型的「人體試驗」，翻開整個中國「煉丹史」，給人類留下了很多寶貴的「失敗經驗」，這些經驗也正是後人繼續研究發展的踏腳石。

大陸學者朱晟、何端生在《中藥簡史》書中〈第六章・中國古代的煉丹術〉有這一段介紹：

> 人們說：「服食求神仙，多為藥所誤。」真是不假。自秦始皇漢武帝以來，死於丹藥的人太多了。
>
> 唐太宗是吃梵僧的延年之藥而病歿的，其後憲宗、穆宗、敬宗、武宗、宣宗亦因此而死，穆宗和敬宗是昏庸之君，受人愚弄，死固不足惜，但太、憲、武、宣諸帝都是精明強悍的人，為什麼也上當呢？道理很簡單，因

為他們貪生之心太重，反而促其早死。……據南宋方勺《泊宅篇》之說，韓愈曾對煉丹術半信半疑，故「作文戒服食」，但「晚年服硫黃而死」。唐代詩人白居易詩云：「退之（韓愈）服硫黃，一病訖不痊，微之（元稹）煉秋石，未老身溘然，杜子（杜牧）得丹訣，終日斷腥羶。」

中國早期的煉丹術，偏重於「汞的合金」及「汞化合物」的研究，雖能治療一些疾病，但是可溶性的汞化合物易產生毒性。在葛洪前後，煉丹術逐漸轉而偏重「砷化合物」的研究，唐代所謂的「仙丹妙藥」，不只一種，例如五石散（處方：石鐘乳、石硫黃、赤石脂、白石英、紫石英）並無大毒。但五石散服後，由於毛細血管擴張作用，使皮膚紅潤、容貌變好，有「轉弱為強」之假象，但易產生煩躁，喜食寒涼之物，且皮膚易被擦破。前述《中藥簡史》一書也寫道：

> 煉丹術在晉代以前主要是汞鉛化合物，自晉到唐盛行的五石散和仙丹，主要是砷化合物，進入宋代，改用甾體性激素製劑。「秋石」主要是雄性激素，「紅丹」主要是雌性激素，前者是從人尿中提煉出來的，後者則為年輕女性的月經。性激素的發現和利用，雖然是科學技術史上的重大發現，但煉丹術中的房中術，以此來做延年卻病藥，

其後果也和唐代的所謂「仙丹」一樣。例如，明代正德帝（西元一五〇六～西元一五二一年在位）因淫藥服紅鉛而急猝死於豹房（見朱國楨《湧幢小品》），嘉靖帝（西元一五二二～西元一五六六年在位）因服煉丹術士的藥品而死亡，隆慶帝（西元一五六七～西元一五七二年在位）亦因用宦官所進的長生藥過度而短命，泰昌帝因服「紅丸」（其中含有鴉片）而卒（西元一六二〇）。

直到明代的李時珍等，他們才揭露了「五石散」的祕密，原來其中含有「礜石」（硫砷鐵礦），早在戰國時代就知「礜石」有毒，「礜石」經火煉之後，氧化成「砒霜」就更具毒性。《山海經》中記載，「礜」即後來的砒石，用來「毒鼠」，是有效的方法。

「砒霜」服食人類一日極量為十五毫克，適量服食能暫時地促進代謝，輕度中毒的部分症狀如上所述，過量會導致死亡。古人服食不易掌控「安全劑量」，加以服食者奢望「健康長壽」而誤將服量加大，「砒霜」中毒的事件就層出不窮。

又，哲學大師南懷瑾（以下簡稱南師）在《我說參同契》書中說道：

古老的外丹，都是五金八石這些最強烈的毒藥配製，

要把毒藥鍛煉到沒有毒性才吃下去。在道家的傳記上，服食外丹成就的人非常多，不過在歷史上，許多名人、皇帝吃了外丹，都很快的翹辮子了。明清兩代二十三位皇帝，還有歷史上的名人蘇東坡、韓愈，都是中毒而死的。韓愈反對佛、反對道，不過自己還是吃這個東西，還是想長生不老。明代的王陽明，也吃外丹中毒而死，死的時候一身發藍，是砒霜中毒。乃至清朝的咸豐皇帝，說他死於天花，死於梅毒，又說死於道家的金丹，各種說法不一。譬如現代新的考證，講雍正也是死於外丹，因為他也是學道學佛的，這些都是疑案。

《周易參同契》（又名《參同契》）是講煉丹術著作的經典，作者是東漢的魏伯陽。其中「參」是指周易、黃老、爐火三件事。

何謂「五金八石」？

五金：黃金、白銀、赤銅、青鉛、黑鐵。配合「五行」。

八石：朱砂、雄黃、硫黃、雌黃、雲母、空青、戎鹽、硝石。配合「八卦」。

「五金八石」就是煉丹所用的材料，材料知道了，還要認識煉丹時「火候」的問題。要瞭解「火候」，就要認識煉丹術後面的思想。《參同契》告訴我們，此書參合三種原則相同的學問，也就是「老莊思想」、「道家思想」、「易經思想」，融於一爐。宋儒

理學家中，最有名氣的就是朱熹，他排斥佛、道兩家，視為異端之學，但在他的傳記中提到《參同契》、對「道家學問」的研究心得，他下意識承認，人的壽命是可以修的。

自古神仙傳你丹訣，傳你口訣，「火候」就是沒有辦法傳給你，因為每個人稟賦狀態不同，環境、思想、時空背景都不同，還有人類科技知識的進步，「火候」的觀念工夫是「變異」的，不是「呆定」的。因此，再三強調做「工夫」要知時知量，靈活變通，認知有所進步了，「工夫」就要跟著「不斷突破」，才叫作「方便法門」。

現在我把道家修煉的「火候」，盡量表達，在似有似無間，希望能為你引發一些靈感，簡單分成三部分來探討：

一、如何進入「空無」的境界？

二、如何調配服食之丹藥？

三、「內丹」（修行）、「外丹」（服食）如何合一？

一、如何進入「空無」的境界？

佛家講「空」，道家講「無」，不管佛家、道家都有打坐修行的法門，打坐就是簡易進入「空無」境界的方法。

佛家講「空」，一念不生不是沒有東西，是有個東西，這個東西就是道家所稱的「真意」。佛學「唯識」的第六意識的根是「第七識」，也叫「末那識」，又叫「意根」（道家的真意）。進入

「第七識」而能「空」，這個時候等於是「無念」，無念之念是為「正念」，永遠定在這個境界，在有念無念之間，「一陽初動處，萬物未生時」那一念不生的境界。

「真意」在道家又叫「真土」，也就是「戊己土」。所以，打坐時把正念這一念停留在「中宮」這一部位。老子說：「致虛極，守靜篤」。「致虛極」就是空到極點，靜極空極在這個「中宮」，五行就歸元，所謂「皆秉中宮，戊己之功」。

「陰極則陽生」，所謂物極必反，用《易經》的卦象來表示如下：

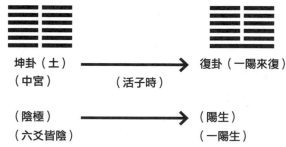

坤卦（土）　　　　　　　　　　　　復卦（一陽來復）
（中宮）　　　　　（活子時）

（陰極）　　　　　　　　　　　　　（陽生）
（六爻皆陰）　　　　　　　　　　　（一陽生）

以上圖示的說明，在南師《我說參同契》書中對「一陽來復」著墨甚多，可見「這一陽」對道家修行有多重要，佛家講「明心見性」，道家講「坎離相交」，都是在講同一道理。注意思考，「工夫」「火候」就在其中：

「陰符之終，陽火之始」，坤卦的隔壁就是「復」卦，這個卦

象就是「地雷復」（䷗）。

……

「關於一陽來復」，你懂了這個原理，只要把自己心念平息下來，聽其自然念頭一空。念頭空掉，一陽來復，復卦，氣就來了。

……

「冬至一陽生」的原理，是《易經》最高也是最基礎的原理。冬至是子月（陰曆十一月）下半的氣，子月是復卦，一陽來復的意思。此時天地間陰極陽生，開始了一陽，運用到人的生命上，就是子時，從夜裡十一點到次晨一時。所謂正子時正好是十二點正，正子時是子時的中間。

……

邵康節說「冬至子之半」冬至是子月一半的時候，宇宙萬物到了一個不屬於動態也不是靜態的時刻。平穩極了，這中間是真空狀態。這真空的狀態是一陽之氣初動之先，也就是「萬物未生時」。所以佛家講修到無念，真正空了，才是陽氣來之前的境界。

二、如何調配服食之丹藥？

從中國二千多年煉外丹的慘痛歷史經驗得知，重金屬（汞、砷、鉛……）應排除使用。「仙丹」之重金屬，殘害中國人已經幾千年了，到現在還有偶發零星事件發生，應加以注意。

中國的四大發明之一「火藥」，煉丹家所發現，也就是煉丹的

重要材料，「硝石」和「硫黃」所組成。古人萬萬沒想到，他們煉丹的過程中，為防止爆炸，所發展出的各種「伏火」觀念和技術，竟促成現代醫藥的發展，二十一世紀的今天，越來越顯出重要性。「伏火」的技術，就像「火候」一樣，可以不斷的變化，隨著科技的進步，就有新的作法和觀念，這是古人看不到的經驗。

「硝石」發展出擴張血管的藥物，包括治療心絞痛，和治療陽痿的威而剛，在醫藥史上都是重大的貢獻，也得到諾貝爾獎的肯定。

下一波具有強大潛力的巨星—「硫黃」，即將浮出檯面，在中國的煉丹史上，它的重要性更甚於「硝石」，沒有「硫黃」就沒有千年的道家煉丹大夢，此話是要突顯它的重要性。個人預言在不久的將來，「硫黃」在醫學的發展上將扮演重要的角色。此次，中國人勢必不缺席，老祖宗的智慧，加上科技的幫忙，將再次向世人證明，中國「仙丹」就是「硫黃」！

我們在上個章節曾探討，如何打坐進入「空無」境界，然後等待「一陽來復」，這「一陽來復」可不是那麼容易就「來復」，原因可從兩方面說明：

（一）身心健康狀態，影響你是否容易進入空無境界。

（二）年紀的增長，老化退化的問題，造成「先天元炁」過度耗損，因此才會有「服食」調養的概念。

南師在《我說參同契》書中提到有關「服食」的問題，相當值

得參考：

> 有一本道家的書很要緊的，就是崔真人寫的《入藥
> 鏡》。我們自己生命有長生不老之藥，不是高麗參，不是
> 補藥，也不是多種維他命，是自己這一點陽氣發動，就是
> 「藥苗新嫩」。
>
> ⋯⋯
>
> 道家必須懂醫藥，你看每個神仙都是高明的醫生。
> 所以佛家走菩薩路子要修五明，其中一個是醫方明，要醫
> 藥的幫助，非懂不可。道家到這個階段內丹有了，還要外
> 丹，外丹就是藥物，配合上就減少痛苦很快通關。

在中醫的概念裏面，「先天補腎，後天補脾胃」，所以調理
先天與後天，從腎和脾胃著手是相當重要的觀念。在前面章節，我
們曾探討過修道上的「真意」就是「真土」，也就是「戊己土」，
是指無形面的「中宮」。因此修道上補養脾胃「中宮」，應該是念
頭要「靜極」進入坤卦（六爻皆陰）的境界，然後等待「一陽來
復」，此陽就是坎卦（☵）中之一陽，也就是「腎水中之一陽」，
水中之元陽（元炁），這一陽是先天之陽（用元炁表示），先天
「炁」這個字的意思是「無火之氣」，和中醫「補腎陽」作比較，
中醫所使用的「溫熱藥」是不同的，講的是不同的層次，一般人很
難理解。

在修道上講的補腎、補脾胃，這個「補」是「無火」之補，和中醫的「補火派」用溫熱藥補陽之法不同，當然各有千秋，兩者如何搭配使用，同時照顧「有形、無形」面向，將是更高明的治療，不能執著於各自的優點，能多方整合各種長處，新的醫療境界指日可待。

因此，必須從營養學的角度，再來深入探究，何謂營養的不同層次。在營養學裏有三個境界，分述如下：

（一）第一境界：研究物質裡面所含的成分，某成分對身體某處有益，目前科學的研究就在此階段作工夫。

（二）第二境界：注重物質的寒熱屬性，含有相同成分的物質，但寒熱屬性不同，在中醫的領域裏，就會認為作用有所不同，因為人的體質不同，所選的食物、藥物要適合寒熱體質，才能治病，才能養生。這也就是中醫所稱的「辨證論治」精神。

（三）第三境界：就是修道人的境界，打破對「食物成分」、「寒熱屬性」的迷思，即使食物有小毒也不在意，以感恩之心，感謝食物的供養，相信身體的包容力，和轉化力，能變化成自己所需的營養，這是不可思議的境界，一般人難以相信。

所以，同樣是「先天補腎，後天補脾胃」在中醫的解釋，和修道上的解釋，意義大不相同，但三個境界都很重要，不能執著於哪一個境界，由此可知「火候」工夫之難傳，更難行之於筆墨。

道家仙人呂洞賓，又叫「呂純陽」，何謂「純陽之體」，也就

是透過修行返回到先天乾卦（☰），六爻皆陽的境界（純陽）。所以，我說了半天，主角終於要出場了，我說中國仙丹是「硫黃」是有道理的，在煉丹術「五金八石」裡，只有「硫黃」的屬性是「大熱純陽」，中醫對這味藥又愛又恨，歷代醫藥學家研究各種炮製法，就是沒有辦法有效減毒，因此只能拿來當「外用藥」使用，當「內服藥」來「補腎陽」就要很小心（劑量要小），長期服用更不可能，大大限制了它的用途。另外提到，早期中藥大多以燻「硫黃」來殺菌、防腐，確實達到保存的功用，但時代進步了，這一部分又受到批評，好像「硫黃」成了污染物，所以有很多負面的角度報導。

我們來看歷代煉丹家對「硫黃」炮製減毒（又稱「伏火」）和它的功用到底認知到何境界，朱晟、何端生《中藥簡史》書中提到：

> 隋代開皇（西元五八九～西元六○○）年間的《太清石壁記》，已多次提到「伏火」，如「伏火硫黃丹」和「伏住火」。這就是說，「硝黃」等常用的易燃物，有時要作為制度，先加以伏火，防止燃爆，故伏火在六世紀時就有了。
>
> ⋯⋯
>
> 王奎克等發表論文，認為火藥與煉丹術的「伏火」是

因果關係，煉丹家們為了預防經常出現的「硝黃」與易炭化有機物的燃爆作用，才有「伏火」。

……

煉丹家們採用過多種伏火方法，《真元妙道要略》有「頑伏火」（高溫鍛燒）、「汁伏火」（熔化或煅去結晶水）、「枯伏火」（較低溫長時間烘焙）、「假伏火」（砒黃假硼砂伏火）、「假頑伏火」（硫黃夾石薰燒為假頑伏火硫黃）等，這裡包括化學和物裡變化。

……

唐代煉丹書中，也反映在伏火過程中，不能起本質的變化，如《黃帝九鼎神丹經訣》云：「令藥不飛不亡，皆使伏火。」《陰真君金石五相類》云：「伏三黃八石事，要不奪元色，各令伏火，伏火勿令銷灼……凡伏此藥之法，如日月交蝕，雖暫昏暗，卻歸元體。」

「伏火」也就是中醫藥所說的「炮製法」，炮製的主要目的之一就是要減輕藥物的毒性和烈性，也就是藥物的「毒副作用」。硫黃的藥性是「大熱純陽」，因此如何去其「火毒」，用「伏火」來表示很傳神，以古代煉「五金八石」的技術來看，是很難達成目標的，但南師用豬油煉製，我想效果應該也不是很好，如他所說的「碰到一點動物的血，那個毒性照樣發作」。

科學的發展，有意無意中發現了從松樹中抽離出「有機硫化物」，也從大蒜中抽到大量的「有機硫化物」，原來有機硫化物在很多植物中早已存在，因此，我們只要從植物中找到穩定的有機硫化物結構體，然後透過醫藥學的研究，來印證古人的智慧結晶是否正確，道家所講的「脫胎換骨」、「返老還童」、「長生不老」這些名辭，如何透過現代醫藥來重新詮釋成「提高自體修復能力」，要是真能啟動這些作用，現在許多的文明病就不再只是治標，有可能達到痊癒的理想。

$$S（硫元素） \xrightarrow{\text{（伏火）}} \underset{\substack{\text{H} \quad \text{O} \quad \text{H} \\ | \quad | \quad | \\ \text{H}-\text{C}-\text{S}-\text{C}-\text{H} \\ | \quad | \quad | \\ \text{H} \quad \text{O} \quad \text{H}}}{} （MSM有機硫化物）$$

（大熱純陽，有毒）

（性微冷，無毒）

圖示說明：
這一步在中國煉丹史上，已走了二千多年，下一步該怎麼走？

三、內丹（修行）、外丹（服食）如何合一？

　　最後談「火候」工夫的第三個問題，要真正理解，才能發揮煉丹術的「大用」，也就是身心如何合一，在心理上要學習如何進入「清淨無念」狀態，如老子講的「致虛極，守靜篤」，然後配合服食補「先天元陽」之藥物，以幫助啟動坎中之一陽。靜待「坎離相

交」，從後天回到先天「乾坤定位」狀態，也就是身心最佳狀態，還不是修行的盡頭，而是開始，工夫可以再進步，但這一步是相當有「份量」的一步。

以下是南師在《我說參同契》書中的提示：

在這個「空無」境界久了以後，把藥物調整好才可以談服食，吃這個丹藥。為什麼無念清淨境界要吃丹藥呢？在理論上沒有辦法懂，如果真做工夫，到那個境界就曉得，若有若無之間，並沒有一個有形的東西，但是的確有這麼一個作用。所以老子說：「恍兮惚兮，其中有物」，空空洞洞，若有若無之間是有東西。你說真有嗎？沒有，也就是佛家講「非空非有，即空即有」。

以上是個人在《夢神再現》一書出版前夕，又發現未闡明清楚之「重點中之極重點」，用「再序」的方式來補充說明，希望讀者在閱讀此書時，觀念上有所幫助。

廖世隆

2013.7.18于台中

【參考資料】
1.中藥簡史／朱晟，何端生著。初版。台北縣新店市：世潮，2007（民96）。
2.我說參同契（上）（中）（下）／南懷瑾講述，台灣初版。台北市：老古，民98.03～98.07。

CONTENTS

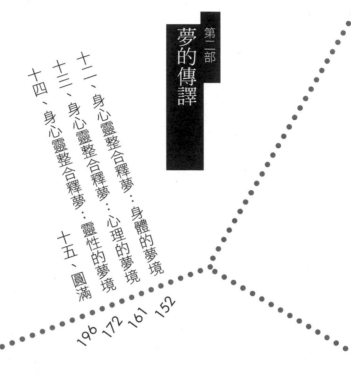

導論

　　歷史一再重演。

　　中國歷史上記載，服丹藥中毒身亡的皇帝很多。經典且為人熟知的故事要從秦始皇嬴政說起。

　　秦始皇為了找神仙求仙藥，每次出巡總是往海邊去，因為聽說神仙總是在海邊出現。每到一個傳說是神仙常來登陸的地方，秦始皇都要派很多的方士去求仙找藥，東渡日本的徐福也是秦始皇所派。

　　最後一次他率領大隊人馬，從都城咸陽出發，直奔南方的雲夢（現在中國湖北的洪湖和湖南洞庭湖地區），一無所獲後失望北返，途中一病不起、駕鶴西歸。

　　中國皇帝從此中了想要長生不老之毒，個個想服丹藥長生不老，結果反而中毒早死，即便連英明偉大的唐太宗李世民到了晚年身患重病後也找印度方士煉了讓自己提前駕崩的長生藥。

　　長生不老的仙丹裡，致死的多半是「重金屬」。

　　現在沒有人想求長生藥，但「重金屬」中毒仍時有所聞。一則新聞寫道：

塗皮膚藥膏中毒死 砷量竟超標數萬倍

〔記者黃博郎、王俊忠／台南報導〕無其他病史的台南曾姓碩士生，因罹患異位性皮膚炎前往台南市○○中醫診所就診，診所開具自行調配的藥膏（記者黃博郎翻攝）及內服藥供其塗抹、服用，曾某治療廿天後竟然身亡，台南檢警調查後發現曾某疑因藥膏內超標數萬倍的砷中毒身亡，全案依藥事法、業務過失致死罪嫌偵辦。

○○中醫負責人林○○說，死者為大，案件已進入司法程序，他尊重司法。曾某家屬受訪時說，家人受害已經很難過，不願對此事做回應。

台南地檢署表示，檢察官劉順寬去年十月三十一日受理曾某死亡相驗案發現，曾某血液含砷濃度為1225.4ug/L（一般人血砷參考值為小於18ug/L，最高承受值為600ug/L），再將○○中醫診所開具給死者服用塗抹之藥物送交刑事局鑑識，發現消炎止痛膏砷含量為7640ppm（經換算為7640mg/L，1mg等於1000ug）、祛癬活膚膏砷含量為8171ppm（經換算為8171mg/L），已高於人體所能承受之0.6mg/L達數萬倍之多，綜合法醫研究所解剖報告、鑑定報告得知死因為中毒性休克、砷中毒。

檢警前天會同衛生局稽查人員前往○○中醫搜索，查扣病歷、藥品配方筆記、消炎止痛及祛癬活膚膏計九十九

瓶等物品。檢察官偵訊林〇〇後，認為已違反藥事法並涉刑法業務過失致死罪，因無羈押之必要，諭令以三十萬元交保。（自由時報）

在知名的韓劇《大長今》中，由宮女成為御醫的「長今」曾揭發讓劇中皇帝中宗中毒的「硫磺鴨」事件，最後找到的答案是「砷中毒」。

中國人煉丹求長生不老，西方人則想靠煉金術無中生有地製造黃金。東西方的煉金、煉丹者，最後在幾種特殊的重金屬礦物中產生一些交集。

在中國哲學史、醫藥學史以及科學史上都有頗高地位的晉朝知名煉丹術家葛洪（西元284年－363年），號抱朴子，人稱葛仙翁。他著有《抱朴子》一書，該書分〈內篇〉言「神仙方藥、鬼怪變化、養生延年、禳邪卻貨之事」，並具體記載了煉丹方法；〈外篇〉言「人間得失、世事臧否」。葛洪的思想是以神仙養生為內，儒術應世為外。

《抱朴子》〈內篇・明本篇〉提到道家煉丹用的「石礦」是硃砂、雄黃、雲母、空青、硫黃、戎鹽、硝石、雌黃等八種，以現代化學的眼光來看這些石礦的主要成分為：

硃砂：硫化汞（HgS）

雄黃：硫化砷（As_3S_2, AsS）

雲母：（鋁、鉻、鐵鎂；鈣、錳或鐵鈉）的水合矽酸鹽。

空青：鹼式碳酸銅

硫黃：天然硫磺礦（S）

戎鹽：氯化鈉（NaCl）

硝石：硝酸鉀或鈉（氮化合物）

雌黃：硫化砷（As_3S_2,AsS）

這些服用過多會中毒的重金屬，其實在現代醫學中也仍有適度運用，正如微量嗎啡有鎮痛效果，一直被視為殺人武器的一級毒藥砒霜（主要成分是砷）其實可用來治療昏睡病、肺結核和皮膚病，顯見在醫學領域裡，有些重金屬的神祕面紗正在被悄悄揭露，而過去被視為無稽笑譚的煉丹與煉金術，其實替今日的醫師做了很多「基礎研究」。

筆者在數年前接觸到一種在歐美熱賣多年的保健食品「有機硫化物MSM」，也注意到諾貝爾生理醫學獎得主、亦是威而剛之父斐里德‧穆拉德（Dr. Ferid Murad）博士發現可讓人多活30年的關鍵——神奇的一氧化氮。因為許多奇特的因緣際會，讓筆者相信這兩樣寶貝極可能就是人類追求多年的「仙丹」。我也相信，真正的「仙丹」往往都十分平價且易取得，若有機會廣泛研究及推廣，相信會很有機會讓大家減少到醫院看病吃藥的頻率。

有形的仙丹已存在於大自然中，無形的仙丹就藏在人類的無意識裡，而「夢」是鍊得無形仙丹的重要工具。對我來講，煉金術和

解夢是同義詞，人們若能從服食有形、無形「仙丹」中體會到身心靈健康的真義，人性與神性將有機會合一，活出生命真正的價值。

西醫不碰身心靈？

　　我是一位平凡的中醫師，平時除了在診所替病患看病外，其實我一直有個心願，就是想搞清楚何謂「身心靈」整合？如何將它引入醫療之中？

　　多年前在一場醫學研討會中，我聽到「精神科」醫師談到否定「靈性介入」在「精神病患」治療中的價值，同時也反過來一直強調「藥物治療」在「精神醫學」的重大突破。

　　這場演講對在場的「中醫界」聽眾產生相當大的刺激。雖然我也想反駁，但覺得立論的力道太薄弱，只好在台下靜靜吃悶虧。「中醫界」仍提出種種的問題，在各說各話的情況下，無法產生有建設性的交集。

　　藥物能如何解決人類的精神問題？

　　靈性介入與醫學治療完全無法並存嗎？

　　這場研討會在我心中留下一個極大的問號，也誘使我更積極想找到問題的解答。

　　時間過得很快，經過多年的沉潛、學習，我對「疾病」與「治療」都有了更深的體會。

為何被西醫判定為「癌末」的病人，還可存活二、三十年，但「初期」患者竟然沒多久就突然過世？

　　這在醫學界被視為習以為常（或無法解釋）的現象，竟未看到有人認真做過探討。

　　一來，我認為這現象很不可思議，這種西醫不願面對的「特例」不斷出現，醫學難道只能以「意外的結果」來閃避？

　　二來，我也更堅信問題的答案得從「身心靈整合」的角度來探尋，而這途徑應該得由中醫及其他相關領域中獲得線索與啟發。

　　我於是踏上一條奇異的解密之旅……

59之夢

　　鼠年（2008年）即將結束的一個冬天晚上，我做了一個記憶深刻的夢，此「夢境」竟意外開啟了一段追夢的因緣。

　　「夢境」的場景很簡單，黑色背景，一隻白色蝸牛往樹枝上爬，左邊有2個明顯的阿拉伯數字「59」。

　　夢中，我的眼睛注視著蝸牛的殼，只聽到一句話：「左旋。」

　　這麼簡單的「畫面」和「一句話」。

　　醒來後，這場景一直留在我心中，記憶深刻很難忘記，我也一直無法理解，為何這夢境不會像一般的夢一樣在生活中淡去。

　　我試著尋找答案，想知道「內我」要告訴我什麼訊息，因此到書店找了幾本解夢相關的書籍，最後歸納出幾個簡單的方向。

　　（一）即將進入牛年（2009年），夢見蝸牛，有特別的含意，所有的「牛」，就屬蝸牛行動最慢。速度雖慢，卻只有牠這隻「牛」能往上爬，暗寓著：腳踏實地，一步一步的往上高昇，做人更應該學習此典範。當然是吉兆。

　　（二）「白色的蝸牛」在黑暗的宇宙中，像一道光，往上直射，強烈的黑白對比，就像光明，不畏黑暗，劃破天界，暗寓著：

一飛衝天之勢，勇往直前，衝破難關。是吉兆。

（三）「白色的蝸牛」，就像白玉一樣尊貴，自古就是一種吉祥物。

這是我所解出的夢。

那「59」與「左旋」的聲音呢？

「59」如何解，這個問題一直在我心裡，沒有滿意的解答。

有人解釋說：「59」就是「95」，「95」就是《易經》的乾卦第五爻，乃是「九五至尊」。

要是從這個角度解釋，那麼「夢境」的意義，就該再拉高角度來看，代表即將進入牛年，用蝸牛精神慢慢往上爬，速度雖然慢，但仍然可以爬上人間的最高點，因為「九五至尊」是古代皇帝的尊稱。

這個解釋還可以接受，但我認為一定還有更深意義的解釋。

「夢境」的世界，猶如一份未定的草案（未定案的計畫書）。因此，「夢境」沒有標準答案（只因你的認同而存在）。不信？你可以請十個解夢專家來解夢，每個專家說得出一番有連貫、有邏輯的道理，但你還是想打破砂鍋問到底：哪一個才是標準答案。

我說，十個都是標準答案，真正的問題是：解夢者在說他自己所認知的境界，而不一定是被解夢者真實的狀況。

因為「夢境」不是「單一意義」——所謂的一個標準答案——

可解釋，它是多層意義的。更正確且貼近真實地說：**夢境應是無量義。當你認知到何境界，「夢境」的意義，就到達那個境界。**

因此，你可以把所有解夢專家的答案收集起來，依解答境界高低順序排列，就可以成為你成長歷程的階段表，看你要分成幾個階段都可以。

所以，任何一個「夢境」，就像《易經》中的任何一卦一樣，每卦分6爻，如同6階段成長，你可以依6階段努力獲得成長，最後階段便能與「內我的神性」連結，你才能真正領悟，為何身心靈整合如此重要。

至於「左旋」，我的解夢歷程是朝《易經》的方向前進。

蝸牛的殼是螺旋狀，在東方古老文化深層無意識裡，有代表《易經》太極圖（動態版）的味道在裡面，許多祕密就深藏其中。

圖示：太極圖（動態版），是以左旋（順時針）的方式在旋轉。

太極生兩儀（陰、陽），兩儀生四象（老陽、少陰、老陰、少陽），四象生八卦（乾、坤、坎、離、震、兌、巽、艮），八八六十四卦，就形成今日的《易經》六十四卦的應用，它是中華文化山、醫、命、相、卜五術的共同根源思想。

中醫診斷、治療疾病的方法是將四診——望、聞、問、切——所得到的資料，加以分析歸納，而決定治療法則。分析歸納的方法是用八綱——陰陽、表裡、寒熱、虛實——來加以辨證論治。

許多複雜的病症，運用八綱來歸類，可以清楚掌握要領，達到條理化，從而定出合體質的治療方針，才能獲得滿意的療效。

而陰陽，可說是八綱中之總綱領，從大方向來看，也就是最根本的分鏡，它用在分別疾病的屬性（屬陰、屬陽），為治療指出總的方向。

陰陽在診斷上，置於八綱的首位。就是八綱的總綱，概括表裡、寒熱、虛實，例如表、熱、實屬陽的範圍；裡、寒、虛屬陰的範圍。

陽	陰
表	裡
熱	寒
實	虛

《素門·陰陽應象大論》說：「善診者，察色按脈，先別陰陽。」陰陽兩綱為辨證的主要關鍵。

《景岳全書》的〈傳忠錄·陰陽篇〉，指摘如下：「凡診病施治，先審『陰陽』，以為醫道之綱領，陰陽無誤，則治何差之有？醫道雖繁，一言以蔽之，曰：陰陽而已。」

故在中醫臨床上，將千變萬化，錯綜複雜的病狀分為二類型，以掌握其基本性質，於處置時即可以簡馭繁。

再來談談中醫「診斷學」中切脈與左旋、陰陽之關係：

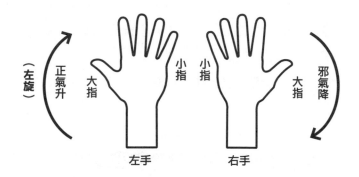

圖示：此為患者雙手放桌上，中醫在把脈時，左手表示患者的正氣升不升，正氣指的是患者的體質強弱。右手表示患者的邪氣降不降，指的是病氣的盛衰。兩邊脈象不平衡，就表示身體失調，代表疾病病根之所在。中醫師的工作，就是調整陰陽使其恢復平衡。所以中醫把脈也可以用陰陽來做為總綱領，例如「正氣」屬陽的範圍，「邪氣」屬陰的範圍。

圖示：中醫把脈中應用左旋（順時針）的理論，找尋診斷治療的大方向。

道家修行也需要掌握陰陽，所謂「一陰一陽之謂道」。

　　如何煉精化炁（氣）→煉炁（氣）化神→煉神返虛→返虛合道？

　　圖示如下：一陰一陽之謂道與左旋的關係

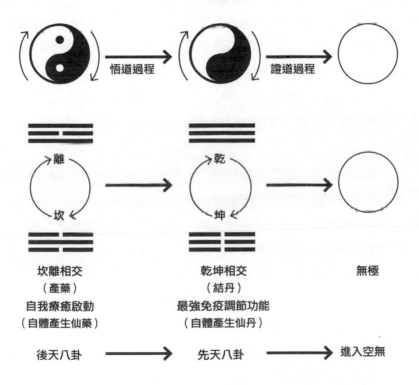

左旋（順時針）

悟道過程　　　　證道過程

離　　　　　　乾

坎　　　　　　坤

坎離相交　　　　乾坤相交　　　　無極
（產藥）　　　　（結丹）
自我療癒啟動　　最強免疫調節功能
（自體產生仙藥）　（自體產生仙丹）

後天八卦　　　　先天八卦　　　　進入空無

對立的雙方，透過整合，而達到統一，不管是身心產生的疾病，都可以產生自我療癒的效果，所謂因病入道，就是藉由生病，在尋找自我療癒的過程中，進而達到靈性的成長，疾病也獲得改善的好處，這就是「身心」、「靈性」雙贏的智慧。

　　凡人追求身心健康。最終目的，就如道家追求悟道過程一樣，當進入「坎離相交」時，正是自我療癒能力的啟動，失調的身心（後天八卦），返回到最佳的健康狀態（先天八卦）。不論是透過中西醫治療、自然療法、飲食運動療法、修行都可見到效果，對一般人來講，當然併用多種治療，才是最佳方式。

　　修行人追求靈性成長。就如道家追求證道過程一樣，當進入「乾坤相交」之時，就跨入空無狀態，道家稱「無極境界」。

　　靈性狀態也有陰陽兩個面象，看得到的神，是有形面向屬陽；看不見的神，是無形的面向屬陰。

　　從中醫的角度，我可以很清楚的理解「左旋」的意涵。而其他的領域，應該也有相同之深層意義。

　　時鐘滴滴答答，不停地左旋轉圈圈。太極圖就像巨輪般，在悟道者的心中翻滾著，周而復始，天行健君子自強不息。

　　左旋它到底要傳達什麼終極意義？

　　人到底要從中學習什麼真意？

　　沒有終止的問號，是人類進步的原動力。

夢的老師「榮格」出現

　　命運巧妙的安排，我參加了南華大學台中分部「生死學研究所」學分班，並選修了一門「深層心理學」。這門課程由東海大學張利中教授（目前任職亞洲大學心理系主任）所指導。我特別喜歡這門課，因為課程以榮格學說為主軸。

　　榮格是何許人物，我以前也不認識。他是瑞士已故的心理醫師，「集體無意識」理論的創見者。榮格思想引導我進入「夢」的世界。我看到了「無意識」的不同「意境」，我才漸漸了解「夢」的真正應用價值。

　　我分析自己，為何被這門課深深的吸引，是因為我的「內在」已經準備好，要走一條「心靈成長」道路，印證：「弟子的心準備好之時，老師自然就會出現。」這句話的真意。

　　榮格（C.G. Jung）1875年出生於瑞士，1900年獲巴塞爾大學醫學博士學位，1909年與佛洛依德同時應美國克拉克大學之邀，赴美講學，被視為佛洛依德的繼承人。1914年兩人關係決裂，此後榮格不再支持「精神分析」理論，轉而倡導「分析心理學」。榮格於1961年逝世，享年86歲。是20世紀偉大的思想家之一。

榮格將「意識」與「無意識」，「自我」與「本我」做為主軸，然後與東西方文化，「過去」與「現在」等議題，一一做確實的連結。讓「原型」及「集體無意識」等概念，超越「個人意識」的心靈領域，得到清楚的面貌。

以下摘自《榮格自傳——回憶·夢·省思》原序〈充分發揮的潛意識〉：

我向來覺得，生命就像以根莖來延續生命的植物，真正的生命是看不見、深藏於根莖的。露出地面的部分生命只能延續一個夏季，然後便凋謝了——真是一個短命鬼。當我們想到生命和文明永無休止的生長和衰敗時，人生果真如夢。然而，我們卻從未失去某種東西的意識，它持續著、在永恆的流動中生存著。我們看見花，它會消逝，但根莖仍然在。

最後，在我一生中唯一值得講述的事件，是那些永遠不會毀滅的世界闖進這個變化世界的事件，這就是我要說「內心體驗」的原因，其中包括了我的各種「夢境」及「幻覺」，是這些東西構成我研究科學的「主要材料」，它們像是火紅的岩漿，要加工的石頭便在其中被賦予了形狀。

與這些「內心事件」相比，所有其他的回憶，如旅行、遇見過的人及我的環境便相形失色。許多人參與了我們這個時代的故事並提及它；讀者如果想知道這方面的事情，可以自行閱讀或請某個人

轉述即可。我一生的外在事件的記憶大都模糊，甚至蹤影全無。但是我所遇到的「另一種」現實，我與「潛意識」的較量，卻無法磨滅地刻在我的記憶裡。在這個王國裡，儲存著豐富的寶藏，與之一比，其他的一切便失去重要性了。（部份引號為作者加註）

　　榮格很早就有這樣的頓悟：對於生活的各種問題及複雜性，要是從「內心裡」得不到答案，那麼它們最終只能具有「極小的意義」，「外在事件」根本無法替代「內心的體驗」。……我只能根據「內心」發生的事來理解自己。是這些事件，形成了我獨一無二的一生。

　　榮格在自傳中寫道的「內心體驗」，也就是上文中所提「潛意識」充分發揮的故事。在「深層心理學」領域中，有二位重要人物——佛洛依德和榮格。佛洛依德對「潛意識」的定義，比較狹隘，他將「潛意識」解釋為「被意識強迫性壓抑下的慾望集合」。

　　佛洛依德認為，「夢境」就是被壓抑在人們「內心世界」裡的一種慾望表現，據此主張「心病」就是慾望被強迫壓抑過度下、或是個人心理產生偏差時，「潛意識」強烈對抗「意識」下所引發的症狀。

　　「潛意識」為了發洩「意識」壓抑過度的情緒，所產生的「報復性」的存在，就像潛藏在人們「內心世界」裡的「惡徒」。

　　榮格認同「潛意識」對抗「意識」的情形，就是引起「心病」

發生的原因。但見解不同的是，榮格認為「潛意識」會發生反抗的情形，是為了「警告」當事者，自己的「內心世界」裡正在產生變化，是一種「警訊」的象徵。此時，必須聆聽這種「警訊」，設法讓自己的「潛意識」和「意識」互相調合。因此，榮格並不認為「潛意識」是「惡徒」般的存在，而是有「正面」的見解。

一般翻譯「佛洛依德心理學」是用「潛意識」一詞，但「榮格心理學」的正確翻譯法應是「無意識」，而不是「潛意識」。榮格又把「無意識」細分成「個人無意識」和「集體無意識」。

這是正確的翻譯法，但是一般人在閱讀時，也是容易搞混。因此很多「深層心理學」的翻譯作品，不論是佛洛依德或榮格的著作，都通用「潛意識」來翻譯，讀者反而更容易體會。所以，榮格的「個人無意識」和「集體無意識」（有時也被翻譯成「個人潛意識」和「集體潛意識」），這種錯誤反而更容易理解。因此當提到「個人潛意識」和「集體潛意識」也就是榮格的作品。佛洛依德的作品只稱呼「潛意識」，沒有「個人」和「集體」的細分。

我把榮格稱為「西方夢神」，是有原因的。因為榮格在佛洛依德的研究基礎上（佛洛依德是首位確認「潛意識」會透過「夢境」方式表現出來的學者），再向上跨一步，從「潛意識」細分為「個人無意識」和「集體無意識」理論是榮格的創舉。

榮格認為，在人的「無意識」裡，存在著超越「本人」所能體驗的「全人類共通的內心世界」，這就是「集體無意識」。

因為人類的壽命畢竟有限，再多也不過百歲。但榮格認為我們的「內心世界」裡，堆積著幾千年、甚至幾萬年來人類「內心世界」相通的「回憶」。

　　「集體無意識」就是各種「原型」（人的內心世界裡，原本就具備的「感受方式」的程式）的集合體（組成零件）。

　　「原型」就是「集體無意識」的「組成零件」，但「原型」本身沒有任何具體的「型態」，因此「意識」本身無法實際感受到「原型」的存在。「意識」必須透過「比喻的型態」，來察覺「原型」的存在。

　　「原型」是古今中外「人類共通的特質」，深深影響「神話」的成立。雖然全世界各地都有不同的「神話」，但內容都有一個相同的大架構，因為這些「神話」的基礎都是受到「原型」的影響，不論是創造「神話」的古代人，或是聽「神話故事」的現代人，同樣身為「人類」，都能感受到此「神話原型」的趣味和認同感。

　　「榮格心理學」又被稱為「原型心理學」，「原型」概念就是「榮格心理學」的核心，也是最大的特徵。

　　「本我」（神性）是「原型」的最高存在（最高核心），是「意識與無意識」互相融合後所成就的「完整內心世界」之象徵。

　　我漸漸要導入「榮格心理學」的獨特性與神祕性，也就是「榮格心理學」與「煉金術」之間的關係。

　　所謂傳統的「煉金術」，是一門研究如何讓「物質」轉變成

「黃金」的學問。以今日化學的角度來看，是絕對辦不到的事，但卻促使各種研究「化學物質」的技術愈來愈進步，為現代化學奠下基礎。

在「煉金術」裡，要將「物質」轉變成「黃金」時，需要一種特別的物質作為「催化劑」，這種「催化劑」就叫「魔法石」。只有透過「魔法石」對「各種物質」進行化學上的「催化作用」，才有可能將「物質」轉化成「黃金」。所以研究「煉金術」的最終目的，就是找出這種「魔法石」。

榮格從中領悟出道理，把「有形的煉金術」轉化成「無形的煉金術」，他定義：**「心靈煉金術」是一門將人的「內心世界」的研究以「物質研究」來作「比喻」的學問。**

所謂的「魔法石」指的就是當「意識和無意識合而為一」，完成一個「完整的內心世界」時的表徵。在「有形煉金術」裡所說的「為創造出（魔法石）所需花費的辛勞」；就是「心靈煉金術」所說的「為了真正了解『什麼才是人的真正內心世界』（稱曼陀羅，是一種原型）所需花費的辛勞」。

當「無意識」中「本我」（神性曼陀羅，原型中最高存在的終極原型），出現於「夢境」時，呈現「仙人」或「神明」的樣子，讓人感受到擁有不可思議的偉大力量。

「本我」也可以「比喻」成「夢境」中所能看見的「形狀」時，那就是「圓形」或「四方形」，這些具體的形狀，讓人感受到

「安定」及「沉靜」。

「本我」是引導「內心世界」獲得完全平靜的一種「原型」，這種「比喻」非常具體。

另外，「圓形」讓人聯想到佛教思想中，表示「領悟之心」的「曼陀羅」。

榮格認為「人生的後半段」，還沒有察覺到「個體化」（自我與本我互相認同，並融合為一之意）發展，而產生「中年期的危機」時，會認為自己的人生沒有意義，易導致自暴自棄的情形。

「人類最大的疑問」：人究竟是為什麼而活？

榮格提出的答案就是：為「本我」（神性），為了瞭解存在於自己「無意識」深處的「本我」（神性）而活。

當一個人能夠覺察到「本我」的存在，並充分感受自己的「內心世界」，就能獲得最圓滿的幸福。

當我們獨自站在大自然裡，看見太陽上升時，刹那間胸中湧現的一股感動，這種感動、喜悅絕不是「旭日東昇的太陽」所賜予的，其實創造出這極致感動的，就是「本我」（神性）。

人類自古以來就喜歡將這種喜悅，用「感受到神的存在」方式表達出來。人們是否能感受到這種喜悅，完全與他是否為宗教信徒無關。所以榮格才會充滿自信地主張：「神確實是存在的。」

那麼如何才能達到「個體化」？

因為能夠感受到「本我」（神性）存在的，當然就是「自我」

（個人意識的中心）。這表示「自我」必須與「本我」互相認同，並合而為一。也就是「自我」隨時隨地謙虛地凝視自己，理解存在於自己「內心」裡的情結、陰影、原型等等「心理要素」，都必須清楚被接納與包容，然後勇敢面對它。榮格經這樣的過程，稱為**「個體化過程」**。

「個體化」就是「個人」能夠確實掌握「自己」的所有「內心狀態」。而各種不同的「心病」，就是在發展「個體化的過程」當中，必須克服的障礙。因此，治療「心病」的過程與「個體化」過成，有密不可分的直接關係。

榮格認為，唯有「自我」努力平等面對「本我」並與其「互補」，才能成就一個真正的「完整的內心世界」。為了達到這個目的，「自我」必須變得更堅強才行，在強大的理性與自信之下，相信「我就是我」的這種想法，支撐起「意識」運作的重責大任。

「自我」透過「夢境」挖掘「內在的神性」（神就藏在每個人的心裡），並以此「神性」當作「催化劑」。堅強的「自我」把「內心世界」裡的種種「心理要素」，像是：情結、陰影、意識的偏差、不同的原型……等等，做為原料，在催化劑（神性）的作用下把它們轉化成個體化（獲得無形的黃金或無形仙丹。）

由以上的論述可知，我稱榮格為西方夢神，實在當之無愧。但重要的是，我們要好好利用榮格給後人留下的珍貴寶藏，造福有心病的患者，剷除無形的病根。

心病藥方在夢裡

四

　　榮格給我的啟示是：「自我意識」應接受與包容我們內心世界
（意識與無意識）中的一切，包括絕望、慾望、情結、陰影……，
而非排斥及對抗，因為這些全部都是自己潛在的力量。對於有心病
的患者來說，「做夢」正是他開始心理治療的第一步。因為**透過分
析「夢境」中所隱含的內心狀態，可以找出心病的發生原因及克服
方法。**

　　以下是個人利用榮格的理論，淺分四個階段示範，來表達「心
病」的成因，及如何透過「夢境」來克服及治療心病。

清醒（意識）　　睡眠（無意識）

×：痛苦
○：快樂

（一）清醒（代表白天意識活動），睡眠（代表夜間無意識活動）。

現代人生活緊張，多重生活壓力下，難免會調適不良。因此，有一些負面的情緒會出現，心情低落、憂鬱等等，雖不至於嚴重到產生「心病」，但就是不快樂。幸好我們的「內心」，自己有一些調控的機制，例如：睡眠時，做個美夢（無意識對意識的補償作用），第二天醒來，又是一尾活龍。

因此，「夢境」的作用，在於告訴當事人意識的失調或不完整的部分，「夢境」就有補足不完整的功用，使得內心獲得調節而平衡，不至於產生心病。

清醒（意識）　　睡眠（無意識）

×：痛苦
○：快樂

（二）清醒（代表白天意識活動）。

此人清醒時可能生活在相當快樂的人生處境中，但這種快樂是偏離常軌的（例如：花天酒地，紙醉金迷的生活，或建立在別人的痛苦之上的享樂）。

看似快樂，但睡眠時卻是惡夢連連，得不到好的睡眠品質。因此，第二天醒來非常疲倦。此人要是沒有警覺，就會一步步往產生心病的方向發展。惡夢的發生，對當事人來說，本來就不是不好的事情。我們必須清楚了解，驅動惡夢（無意識作用），使其在意識上發揮作用，旨在提醒意識行為的偏離，有警告之作用，要是不趕快改過向善，改變自己的生活，不然無意識的強力反撲下，未來有可能會產生心病。

×：痛苦

（三）不論清醒（意識）或睡眠（無意識）狀態，都處於痛苦的情緒中，已經是嚴重失調不平衡了。因此，已經發展進入心病的狀況。

首先來探討發生心病的原因，病患本人的意識（日常生活中），一直承受忍耐某些事，當忍受壓利到達極限時，無意識為了補救於是表現出來。但無意識表現得過於強烈，乃至於失控，於是心病就會發生。由於人的內心世界是由意識和無意識組合而成，榮格心理學研究之目的，是要促使我們的意識去認可內心裡無意識的

存在，在各自保有獨立性的同時，還能夠相互整合，成為一個完整的內心世界，才能形成完整人格。

因此治療心病，必須循序漸進思考，內心裡各個因素：

1. **在意識面**：那些事情是逼他在忍耐，為什麼病患平常會忍耐這些事情。

2. **在無意識面**：該思考何謂健全的內心世界。首先無意識出現情結或陰影時，意識如何去接受並包容它，而不是去排斥、對抗、壓抑……。透過學習、成長，懂得超越與放下，使得意識和無意識漸漸回歸平衡，而恢復健康。

○：快樂

（四）當人有某種煩惱（意識所無法解決的問題），透過學習、成長，漸漸在清醒（意識）狀態，有趨向正確的思想和認知，情緒漸趨平穩狀態。睡眠（無意識）時，深層的「夢境」（集體無意識）較容易顯現。

因為自我（個人意識的中心）在找尋解決問題的出路，當在「夢境」中顯現本我（整體內心世界的核心）時，就是意識與無意

識互相融合後所成就的完整內心世界之顯現。

此時，心理處在最佳平衡狀態。對身心來講，就會產生大藥（身體自己製造的仙藥仙丹），心病得以根除，身病漸漸痊癒。

由於「本我」是引導內心世界獲得完全平靜的一種原型（榮格：「原型」是……決定人們內心深處，感受事物方式的基礎），當本我顯現於夢中時，呈現仙人或神明的樣子，讓人感受到擁有不可思議的力量。將本我化為形狀時，呈現圓形或四方形，讓人感受到安定及沉靜的形狀，可使人聯想到佛教思想中表示領悟之心的曼陀羅。

因此，心靈處在最佳狀態，人的潛能或創造力就能獲得充分的發揮。

五

追求神性之路

　　現代的東方人喜愛榮格，或許是因為在榮格的心理學當中，有許多東方人想追求探索的事。也因為身處科學發達、物質豐富環境的我們，卻無法相信絕對的幸福。榮格深信「人類的心靈將會一直保持成長」，在他的一生當中，也是不間斷對心靈進行探索。生活於現代的人，對於「生命」的存在，抱持搖擺不定的態度，希望榮格的心理學能夠給我們一些解答。

——《漫畫榮格：心靈體驗和深層心理學》

　　了解自己究竟在追求什麼？榮格深信人類的心靈將會一直保持成長，在他的一生當中，也是不間斷對心靈進行探索。

　　我們來看榮格心理學，如何呈現心靈成長的過程，我們分二階段來說明：

（一）開悟的過程

　　如心靈煉金術所說：人為了真正瞭解，什麼才是人的內心世界所需的辛勞；也就是創造出魔法石（本我神性或催化劑）所需的辛

勞（意識與無意識合而為一）。

（二）悟後起修

當開悟後（得到曼陀羅），人生一樣要面對很多困境，但因為有了魔法石（有形的神性）存在心裡當催化劑（或轉化劑），所以面對內心世界（意識偏差、情結、陰影……等等黑暗面）的失調時，都能很快得到轉化，使心靈歸於平衡、平靜。因此，心靈不斷獲得成長，當自我與本我融和為一，就是個體化（無形的神性或空性）的展現。榮格說：「不論你信或不信，神確實是存在的。」，而如何發現追求神這條路，才是最終的問題所在。

以上二階段所指的內心世界是包含意識與無意識全體。無意識又細分：1.個人無意識（組成零件就是情結）；2.集體無意識（組成零件就是原型）。

與「本我」的對話

佛洛依德提出意識與潛意識的區分，在此基礎上，榮格進一步將潛意識分為「個人無意識」與「集體無意識」，「心」則是包含這意識與無意識的整體，也即是「本我」（Self）的所在，是心靈的全體範圍。

有別於「本我」，榮格將「自我」視為「意識的中心」，是能思考、能感受到喜怒哀樂等情緒的地方。

「本我」是以人類全體的心靈為基礎，因此超越了「自我」。榮格認為，「自我」和「本我」相互作用下，對於發展人格中心具有成效。如果人類能夠傾聽無意識內本我的聲音，繼續探討與自己的關係，就能夠獲得一生的成長。

　　我們已經把本我（神性），做了很多的探討。在此節心的構造中，我將探討自我（意識的中心）的相關問題，也分成二個層面來說明：

（一）自我易受影響

　　自我其實是相當脆弱的，所以很容易受情結的影響。情結是一種理智所無法控制，個人無意識裡的拘泥表現，情結一旦靠近自我時，自我就會顯得慌亂無章。

　　自我在被情結瓦解之前，會努力保護自己。因此，將情結投射（將自己的情結或陰影加諸在別人身上）在他人身上。

　　投射只是自我的一種防禦手段，不可能真的解決問題。

（二）自我被本我吞沒時

　　自我是如此的脆弱，當人生遇到瓶頸時，常會陷入我已經不想再承受這種痛苦……的迷失。此時自我會把現實世界裡的自己交給本我，以逃避痛苦的現實世界，並藉由「我已經從低俗的世界脫身而出，成為一個高尚的人」，用這想法來欺騙自己，為逃避找合理化藉口。

　　如此，人就會誤以為自己是一個偉大又特別的人，「自以為得

到頓悟，豁然開朗」，這種情形就稱自大。

所以榮格主張，自我必須積極與本我攜手合作才行。為了達到目的，自我必須變得更堅強才行，在強大的理性與自信下，支撐起「我就是我」的想法，努力平等面對「本我」並與其互補，才能成就「完整的內心世界」。

讓情結從無意識浮出

許多時候，人會產生一種「偏離意識所能控制的情感、或個人無意識裡的拘泥表現」，榮格認為，這就叫做「情結」（complex），用通俗話來講就是指「以理性或客觀角度來判斷時，根本是一件沒有什麼大不了的事，但自己卻不斷拘泥在這事情上」的意思，榮格認為，情結是指：在無意識中，固執於某種意象且伴隨著強烈情感。

譬如人們在使用「自卑情結」（inferiority complex）即是在表示一種「意識」所認知不到的「心靈傷口」或「厭惡的思想」，情結顯露在外的跡象很少，但對當事人的「行動」和「感情」卻有很大的影響力。因此，若不想受到情結支配，就必須讓情結被意識到、被察覺到，接下來才可能產生創造式的改變。

當事者說出：「我對自己的腿很粗，感到很難為情。」他的心情是如何呢？這句話所代表的情結，正是榮格所主張的情結真正意義。

因為腿很粗，很難以客觀方式判斷比他人優或劣；換句話說，「腿很粗」甚至不是一個事實，只是當事者想太多了。所以，情結是沒辦法以理性意識來判斷事情。

因為情結是在當事者的個人無意識裡萌芽、成形，完全與當事者的個人人生體驗有關，所以情結是一個非常個人的情感產物。

基本上情結的產生，起因於某種壓抑。「其實我很想這樣做的」這樣內心裡單純的心情，被持續壓抑在實際的人際關係發展中，造成日後不滿愈來愈強烈。最後迫使不滿情緒在當事者的個人無意識裡，脫離理性而發展成某種拘泥，而形成了情結。

因此，想要克服情結，必須先察覺情結之所在，然後在意識當中接受它存在的事實，與它好好相處。

原型和集體無意識

所有人類，無論遠古人與現代人，其心靈中都存在著「原型」（Archetype），這是所有人類共通的「心靈機能」。原型可透過遺傳向後代傳承，並能將每一世代經歷的事記錄下來，裝進人類的「集體無意識」中。

原型是一種人類對萬物的共通感受方式，潛藏在人的集體無意識深處裡。

原型並非只有一種，種類眾多的原型，例如：人格面具、陰

影、智慧老人、大母神、阿尼瑪、阿尼姆斯、本我等各種類別。

以「陰影」（shadow）為例，榮格指出在人的無意識裡，存在著一種令自己厭惡而不願承認的陰暗面，這就是被稱為陰影的原型。例如，一個勤勉努力，受到大家尊敬的人，在他的無意識裡，則帶有想要逃避問題，拋開努力去偷懶的怠墮性格。

在宗教的教誨中、或古老的童話故事裡，通常都有「魔鬼」或「惡魔」這一類邪惡角色的存在，這些是超越個人體驗，屬於全人類共通的陰影原型。

魔鬼或惡魔它們其實就是代表陰影的象徵，它們一開始就存在於人的內心世界裡了。

在基督教裡，魔鬼是一個絕對不被容忍的存在，但是榮格認為所謂的魔鬼，其實就是存在於每個人內心裡的陰影，並極力主張應該要接受這種陰影的存在。

陰影如果持續潛藏在無意識裡，有一天突然失控，是相當大的危險，可能導致當事者內心世界的崩潰。但要一個人有意識地去接受心中的陰影，是一件不容易的事，但這是心靈成長所不可或缺的，榮格才會主張人們應該接受魔鬼（陰影）的存在。人們可以透過意識到陰影的存在，進而將陰影的危險性分化為零。

六

無形的煉金術

科學上所謂的「煉金術（alchemy）」，是指將「劣等金屬」煉製成「高級金屬」（尤其是黃金）的技術；另外，也包括提煉「長生不老藥」或「萬用藥」的方法。……「煉金術」在近代科學的「前期」，一直被認為是模仿科學或迷信，但現在則不單只是「物質的操縱」，將之解釋為一個以「系統化的思想」及「實踐為基礎」的「獨立領域」，或許更有說服力。「煉金術師」在進行「科學作業」的同時，有如經歷一段「心靈的體驗」，也就是「心靈內部」的「蛻變過程」。將「對立」的東西加以「結合」，並產生「新的物質」，榮格就是從這樣的觀點，來解讀「煉金術」的「象徵意義」。

——《漫畫榮格：心靈體驗和深層心理學》

五十歲之後，榮格懷疑：在他發現無意識存在之前，歷史當中，是否早有針對無意識的研究？

因此，榮格開始研究古代的歷史，他發現早就存在一項研究，

也就是煉金術。

當榮格初次接觸煉金術時，說道：「這麼奇怪的東西，誰看得懂！」因此沒有仔細閱讀相關文獻，只是將它丟置一旁。這是人之常情，可以理解的舉動。畢竟要將某個物質轉變成黃金，不管如何思考，在化學上是不可能辦得到的事情。

後來，榮格再進一步接觸煉金術之後，才突然恍然大悟，發現之前的想法大錯特錯。真正煉金術並不是想要將物質轉變成黃金，而是將人的內心世界研究，透過物質的研究做個比喻。

這個大膽的解釋，原本已被忽視的煉金術，再次帶給現代人重大的啟發。

在煉金術的文獻裡，有一段關於蒸餾器裡出現了怪物的記載，榮格把它轉化成心理學的描述：

1. 認為這個怪物，即是潛藏在人心裡的絕望和慾望等物，也可稱作陰影。

2. 和怪物（陰影）邂逅的過程，則代表著探索人的內心世界的過程。

一九四四年，榮格六十九歲出版了《心理學與煉金術》（Psychology and Alchemy）。之後，更不斷發表對煉金術的研究成果。最後在他的《榮格全集》裡，有三分之一的內容都是在探討煉金術。

中國的道家也把煉金術（道家稱煉丹術）發揮到極致，在此

我把它分成二個部分來探討。所謂的煉丹，就是煉「有形仙丹」和「無形仙丹」二種。

1. **有形仙丹**：透過長期服食無毒性藥物或食品，以補先天腎氣，達到延長肉體先天之命的方法。打破「落土時，八字命」之傳統觀念的限制。只要先天命根還在，任何奇蹟都有可能發生。所以道家常與長壽的仙人連結在一起。因此「有形仙丹」是用來治療「身體的病根」。

2. **無形仙丹**：透過各種修行的方法，自我成長，突破內心障礙，發展出內在神性之顯露。整合人性與神性為一體，體悟不為生死所困的境界，逍遙自在。如神仙般，在宇宙之中自由來去。「無形仙丹」治的是「心靈的病根」。

進入東方思想的無意識領域

因為對「煉金術」的嶄新理解，讓榮格對東方思想產生極大的興趣。透過研究中國的學者理查‧威胥曼（Richard Wilhelm），榮格接觸了中國的《易經》、《太乙金華宗旨》等書，並親身體驗，開始以「冥想」的形式進行中國式的煉金術，期望能藉此接觸到無意識。

榮格之所以深受東方思想吸引的原因，其來有自，因為中國的儒、釋、道思想和榮格的無意識思想默合，而且互相輝映，彼此互

補説明，闡明真意，必然激出更多精彩火花。因此，東西方思想的整合，是一條正確可行之道路。

以下來闡明比較儒、釋、道三家的作品與榮格之間的關係：

（一）儒家作品──《易經》

我們現今所稱的《易經》就是《周易》──周朝版的《易經》。由四大聖人接力完成，伏羲畫八卦，文王為六十四卦寫下卦辭（卦象的解釋），周公被認為是爻辭（易經六十四卦，每卦六爻，共三八四爻，每一爻的解釋）的創立者，孔子又作註解的工作，於是現今我們所通用的《易經》就完成了。

四大聖人之中，周公扮演非常重要的角色，他繼承父業，根據《周易》六十四卦又詳細説明三八四爻辭，成為分析宇宙萬物、預測未來、占筮卜卦的依據，使《易經》的應用價值大增。

周公解夢是我國古代文化遺產，在民間流傳甚廣。依據「夢境」對夢作吉凶預測。夢在中國的五術：山、醫、命、相、卜當中，歸類在卜的項下。有人説《易經》的來源之一是占夢的著作，《易經》中大多數卦辭和爻辭及占斷是夢和對夢的占斷。占夢和龜占與蓍草占相結合構成了《易經》。《易經》中藏著一本夢書，夫伏羲畫八卦以明天道，文王作卦辭以序人事，周公作爻辭以卜吉凶，合之《易經》乃成。後孔子作十翼以明萬理，曰《易傳》。

由於孔子的一句「吾不復夢見周公矣」（我很久沒有夢到周公治理的美好社會了）之言，隱喻周代禮儀文化的失落。使周公被稱

為東方夢神。

以下我們來看榮格（西方夢神）對《易經》的重視。榮格將這種易經卜卦應用在病患的治療上。例如他為一個正猶豫是否該結婚的男性病患卜卦其婚後的情形，卜卦結果，出現凶兆，因此反對他結婚。

一般我們要獲得無意識的意見，「夢境」之外，找尋其他多種方法併用是有其必要性。因為我們未必天天都會做夢，事事都能透過「夢境」來找答案。

前面榮格自序中說道，「我很早就有這樣的頓悟：對於生活的各種問題及複雜性，要是從內心裡得不到答案，那麼它們最終只能具有極小的意義，外在事件根本無法替代內心的體驗。」

生活中的各種問題，要從內心裡找答案。榮格也常透過易經卜卦的方式，可見榮格對於《易經》的意義，賦予相當高的評價。後來榮格提出的同步性觀念，也是由《易經》原理推論出來的。

（二）道家作品──《太乙金華宗旨》

傳說是由道家仙人呂洞賓透過靈駕祕傳的方式所降下的作品。道教一般強調性命雙修，也就是從精→氣→神轉化的方式漸修而漸悟；但《太乙金華宗旨》直指人心，指導直接從根本「性」（元神）來修行，稱頓悟。也就是直接面對深層的人心（內我神性），這點和榮格的無意識思想很接近。

《太乙金華宗旨》的內容，是利用冥想的形式，進行「中國式

的煉金術」，而這正好符合榮格對西洋煉金術的興趣。榮格自己也親身體驗「瑜珈冥想法」，而「冥想體驗」也可說是一種追尋隱藏於人格深處無意識的修練方法。

（三）佛家作品——《大解脫書》、《死者之書》

榮格曾對西藏的《大解脫書》，及《死者之書》作解讀，將這方面東方思想積極的導入歐洲，可見西藏佛教對榮格有很大的影響。雖然他描繪曼陀羅是用來表示「心靈的整體狀態」，但它卻在歐洲患者的無意識中，發現和西藏佛教曼陀羅相似的東西。因此，他試圖從描繪曼陀羅時心中湧現的影像去探索無意識的世界。

榮格的心理學和大乘佛教的唯識思想相似。唯識思想認為所有的現象，不過是心理創造出的影像片斷。榮格的無意識說法和唯識的第七識（末那識）、第八識（阿賴耶識）較相近。榮格加以實踐，完成了心靈的蛻變，並達到領悟的境界。

佛教的唯識思想和榮格的無意識作比較：

第七識——末那識（我執）⟷ 相當於榮格的個人無意識

第八識——阿賴耶識（根源意識）⟷ 相當於榮格的集體無意識

同步性與道

榮格四十五歲（一九二〇年）開始對易經卜卦產生興趣。他學習《易經》後，確信這是瞭解現世真實的方法，也認為這是東方人

了不起的智慧。榮格曾替自己預定的工作內容占卜吉凶，並將卜卦的結果作為參考。當時他摘下自己住家旁河邊的蘆葦，把蘆葦的莖桿當成「筮竹」來卜卦，據說以此占卜了幾個小時。

現世裡的事情和卜卦結果，這兩者之間可說是毫無任何科學上的關聯性。但是卜卦結果卻斷定它們之間有所關聯，這就是《易經》的宇宙觀、世界觀。

換句話說，《易經》先設定一個前提：「現世裡的各種事情、跡象之間，有著連科學都無法說明清楚的關係。」而易經卜卦就是找出這些關聯性的方法。人的內心世界，確實能夠感受到這種關聯性。

之後，榮格更將《易經》的這種宇宙觀，也就是「科學所無法說明的現世關係」，融會貫通在他獨自發展的心理學領域裡，稱為「同時性（同步性）」（synchronicity）理論。

用幾個例子來簡單說明「同步性」的意思：

情況一：上班時肚子餓了，你希望有點什麼東西可以吃，剛好同事就帶來一塊客戶送的小蛋糕。

情況二：夢見某人死掉，結果那人果真死了。

情況三：「某些影像」事後果真如預言般「實現」了。

「同步性」不一定是「同時發生」，更正確的說，應是有「意義上的一致」。

榮格對於「夢境」的內容與實際發生的事實，認為它們之間確

實有關係。因此做夢的當事者，可以感受到其中應有什麼關聯，這是很正常的反應。這種關係，絕對不是科學上的因果關係，因為不可能夢見橋崩塌了，所以橋才崩塌。

　　但是對於做夢的當事者來說，自己的夢和橋崩塌事件之間一定有什麼關聯。這兩件事對做夢者而言，即使只是巧合，也應該是具有某種意義的巧合。榮格將這種有意義的巧合稱為同時性（或同步性）。同時性與因果關係是完全不同的概念。榮格認為，透過人的心靈力量，確實能實際體驗到這種「同時性」的存在。「卜卦」就是瞭解這種「同時性」的方法。這種「同時性」的體驗，具有帶領人的「內心世界」，走往良好方向的力量。榮格主張，這個世界充滿了「同時性」的現象。他認為同步性與「道」是相通的：「**對同步性的理解，是幫助我們認識及揭開東方世界，神祕面紗的重要關鍵。**」

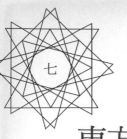

東方夢神，五九之尊

　　認識榮格後，我對夢境的解析有了較深的體悟。

　　榮格如何解釋「夢境」的「意象」與「象徵」？

　　榮格認為凡事萬物，如果沒有辦法以肉眼能見的形式呈現出來，就無法讓人實際體會，更無法將它傳達給別人了解。

　　無意識是沒有具體的型態，但確實存在於人的內心裡。因此，如何透過具體的形態來呈現它的存在？

　　可以將無意識比喻成肉眼能看見的具體形態，就是「意象」。所謂「意象」就是夢。「夢境」就是當事者將自己的無意識化為肉眼能看見的東西。因此，榮格非常重視「夢境」所代表的意義。

　　「意象」純粹只是將無意識世界做一個比喻的現象而已，並非就是無意識世界的「直接表徵」。

　　「意象」是「無意識」（夢境）的一種符號，但即使是同一個代表符號，有時也會因不同人而有不同的意義。因此，解釋「夢境」不能套用公式，且用固定而單一方式來說明清楚。因為每個人所處的環境，生活的歷練也不同，都會大大影響「夢境」所代表的意義。

何謂「象徵」？

　　要呈現無意識世界時，就需要一個完全符合定義的符號，這符號不能被其他符號所取代，還必須能正確傳達出該無意識世界裡的意義。榮格非常重視這種獨一無二的符號，並將它稱為「象徵」。

　　「象徵」是一種獨創性，比任何符號還要能傳達深切的感動給他人瞭解的一種記號。

——《圖解榮格心理學》

　　典型的象徵，就是各種民族理所表現出來「獨一無二的神祇」。例如：膜拜「朝陽」（一種象徵），等同於膜拜心目中所「崇拜的神」。

　　我在前文提到的夢境裡，已對「59」與「左旋」略有解析。「左旋」帶出的陰陽太極概念，在榮格的理論裡，是以陰陽二元對立的「阿尼瑪」（anima）與「阿尼姆斯」（animus）原型來表示。

　　榮格用對立的男女兩性來探討「內心世界」的成長，我個人覺得這部分在榮格心理學是相當重要的，它示範了內心成長「階段化」的步驟，以意識（自我）與無意識（原型）互動統合原理，最後達成「完整的內心世界」（曼陀羅的顯現）的方法來說明。

先前已經說過，無意識是補足意識不足的另一個存在，換句話說「意識加上無意識」才等於一個人的「完整內心世界」（本我神性的顯露）。

　　因此，男性內在的「阿尼瑪」是指男性擁有「女性特質的內心世界」（男性中的陰柔面）；女性內在的「阿尼姆斯」則指女性擁有「男性特質的內心世界」（女性的陽剛面）。

　　「阿尼瑪」出現在「夢境」中，會以美麗溫柔的女性姿態出現，但也可以別的姿態出現在「夢境」，例如：以貓、水、船或洞窟的形態出現。

　　「阿尼姆斯」出現在「夢境」中，會以英勇的男性姿態出現，但也可以鷲、獅子、劍的型態出現。

　　每個人在幻想理想中的異性時，都會受到「阿尼瑪」、「阿尼姆斯」這兩種原型的影響。並將這種影響與「各人的無意識」作結合，而產生各自心目中的「理想對象」。

　　不論是「阿尼瑪」或「阿尼姆斯」，基本上都會隨著「人的成長」而有所改變。

　　首先來探討男性的「阿尼瑪」所呈現四階段變化之成長步驟。「夢境」中「阿尼瑪」從第一階段發展至第四階段時，就能成就完整的內心世界（看見內在神性）。

　　以下是從日本「長尾剛」著《圖解榮格心理學》所節錄：

第一階段：生物學上的阿尼瑪

　　→ 顯示的並非是女性的精神，而是肉體（能夠生小孩的一個存在），對男性而言：「只要能夠滿足肉慾，什麼類型都可以的女人。」這種「阿尼瑪」常常會在夢中以誘惑男性的女性形象出現，當然不在乎女性的本質為何。

第二階段：羅曼蒂克的阿尼瑪

　　→ 接受女性的本質，開始產生戀愛情感。在「夢境」中常常以清純又善良的女性姿態出現，例如童話故事中的公主。而這種「阿尼瑪」所代表的女性，始終都是男性心目中的偶像。

第三階段：靈性的阿尼瑪

　　→ 顯示的是神聖的女性形象。給男性是一種不求回報的愛、無限的慈愛、能夠救贖萬事萬物的女性形象，可說是「最完美的女性」，同時具有少女的清純與母親的包容。基督教的「聖母瑪利亞」，就以這種形象，得到廣大的群眾信仰與支持。

第四階段：知性的阿尼瑪

　　→ 顯示的是，超越凡人，到達神之境界的女性形象。是一個能夠包容所有男女老幼，並將他們引入正途的睿智女性形象。是男性所擁有的女性化原型，仍具備溫柔與美麗的女性特質，能夠讓人感受到高尚、堅強、神祕、偉大

與深度知性的女性形象。佛教裡的「觀世音菩薩」就是最好的代表人物。

　　榮格認為，透過「阿尼瑪」從第一階段循序發展至第四階段的過程，男性必須接受自己無意識裡的女性傾向，然後面對自己的阿尼瑪並理解它，就能夠找到人類「完整內心世界」（找到神性）的道路。但這並非容易尋獲的道路。

　　女性的阿尼姆斯亦呈現四階段之成長變化。雖然「夢境」中的「阿尼姆斯」也有四個階段，但要女性「接受」自己內在的「男性特質」並非易事。但若以成就人的「完整內心世界」列為追求目標的話，這樣的人生會更有「深遠的意義」。

　　以下是從日本「長尾剛」著《圖解榮格心理學》所節錄：

第一階段：力量的阿尼姆斯

　　→ 顯示強壯的男性體格印象的「阿尼姆斯」。這種男性形象，會以運動選手或英雄姿態出現在「夢境」中，但不會去探討為何鍛鍊身體這種「精神層面」的原因。

第二階段：行為的阿尼姆斯

　　→ 代表勇敢採取行動的男性形象。雖然也表現出強而有力的男性印象，但重點在於開始採取「行動」，為此必須擁有「堅強意志」與「目的意識」。這階段的形象，已

具有精神性了。

第三階段：言語的阿尼姆斯

　　→ 顯示超越體格的追求，而跨入注重「邏輯性」和「合理性」的「阿尼姆斯」。此階段的「阿尼姆斯」會針對事物的存在方式，追求正確的「理解力」，並進而「說明」該事物的能力。例如透過演說以吸引他人的意見領袖就是代表形象。

第四階段：意義的阿尼姆斯

　　→ 不單純只說明事物內容，而能表現該事物所蘊含意義的阿尼姆斯。這階段的阿尼姆斯能賦予事物意義和價值，以顯示「人生的意義」與「世界的美好」。它所代表的是溫和穩重的男性形象，能夠給予他人精神上的喜悅與滿足，令人稱羨的男性形象。例如佛教的「釋迦牟尼佛」就是代表性人物。

　　在探討榮格心理學與煉金術的密切關係中，當時沒有說明「心靈煉金術」的階段性問題，但有提到「為創造魔法石（內在神性）所需的辛勞」，就是「人為了真正瞭解什麼才是人的內心世界所需花費的辛勞」。

　　研究「心靈煉金術」之最重要目的，也就是要找到這種魔法石。榮格從中領悟出，所謂的魔法石（本我神性）指的就是當「意

識和無意識」合而為一，完成一個「完整的內心世界」時的表徵。

因此，不僅可以透過「阿尼瑪」或「阿尼姆斯」來自我修煉，以通達「內在神性」。其他各種「原型」也有相同的作用。所以條條道路通羅馬，中國《易經》之六十四卦（六十四種原型），亦可用來開發內在神性。只是《易經》的每一卦分成「六爻」（六個階段）來與「本我」（神性）產生連結的差異。

夢境之迷解開

時光飛逝，虎年（2010年）即將結束，新的一年（2011年）又將到來。在寒冷的冬天，深層夢境特別活躍，無意識的訊息比較容易出現。我喜歡趁這個機會整理一些資料，分享給讀書會的同好。這回我選了一本道教的作品《太乙金華宗旨》，這本書對榮格來說，是一個重要的思想里程碑。當年榮格研究煉金術時，西方資料的欠缺，使他陷入困境，正巧衛禮賢寄來東方的《太乙金華宗旨》翻譯版，要他從深層心理學的觀點來寫序。榮格非常高興，他心裡所想要的，竟然是從東方而來，東西方在深層無意識裡，是如此相似。所以，在他從患者所畫的曼陀羅裡，看到有東方的味道，自然是可能的。以下節錄自賴賢宗教授《太乙金華宗旨今譯》：

《太乙金華宗旨》的作者不明，傳說是唐代（八世紀）道教的祖師「呂嵒」（呂巖或呂洞賓）。後代民間傳說，他是長生不老的祖師，是「八仙」之一。他的神話故事，他的教導，後人有種種注釋，隨著時光的流轉，是豐盛且多彩的。他生於西元七五五年，他的生命歷程從八世紀末至九世紀初。

　　呂洞賓說：他的祕密教義，是得自於關尹子（函谷關的尹喜）。據傳說，老子過函谷關時，為尹喜而編寫的《道德經》。在《太乙精華宗旨》中，有很多的想法和《道德經》默契，隱藏著《道德經》中的祕密，這就是「神祕教義」的由來。

　　然而道教傳至漢代，逐漸墮落為追求名利的庸俗工具。道士們在宮廷中傳「煉仙丹」之術，烹鉛煉汞，謂人服之可以長生不死，連皇帝都被愚弄了。呂洞賓的傳道與此截然不同，他所傳授的功法，煉仙丹的用語，完全是修煉「精氣神」，使「元神」復歸正位，這一點和老子原來的想法是一致的。

　　榮格比較了「曼陀羅」與「冥想」，把「金華」（金花）視為「自我完整性」的原始模行。榮格曾畫了一個「金華圖」，此一「曼陀羅」中，八個突出的花瓣，像一朵八葉片的「金色蓮花」。這可是隱含八卦之意在其中。

如此的八卦圖象，也出現在榮格的歐洲患者所畫的「西方曼陀羅」之中，榮格認為這是普遍存在於各個宗教的「象徵」。對於中國而言，「河圖洛書」的「八卦易理」本是中國道教的核心「象徵」。由此可見，榮格的「歐洲曼陀羅」已經經由「無意識」的媒介和啟發，已經跨進了中國道教的宇宙「集體無意識」中。

在整理《太乙金華宗旨》時，我決定要把「蝸牛往上爬」這「夢境」用示意圖合成出來。我在網路上找到白色蝸牛的圖案，就利用剪貼、合成製造出相似度八成以上夢中情境。

蝸牛（作者「夢境」的合成示意圖）。

圖是合成出來了，但要如何說明才能讓別人懂是很困難的，因為「夢境」本來就是內心所浮現的幻境。信者恆信，不信者恆不信，怎麼說才有用呢？我要如何提出證據？真的需要老天的幫助了。

　　老天似乎回應了這請求。我的演講預計在三月份，二月份由讀書會林一男老師主講，講題是《三字經大解密》這本書。聽講的當下，我的心情就和當年榮格收到衛禮賢寄來《太乙金華宗旨》一書時的心境一樣（榮格讀完《太乙金華宗旨》後，不禁沉浸在往事的回憶裡——「我很早以前，就想得著有關煉金丹祕密的古典著作，曾拜託慕尼黑書店代為尋覓，但終未如願，這種意外之得，真是天遂人意。」）。這就是「同步性理論」。

　　《三字經大解密》這奇書解開「59」更深層的祕密，說來真巧，連此書作者（張惠福先生）的綽號也叫蝸牛，真是無巧不成書。

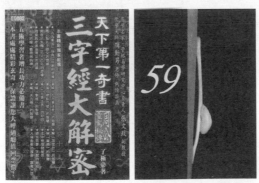

二張圖一比較，你看到了什麼？
祕密就藏在裡面。

說明：

	左圖	比較	右圖
背景	黑色為主，黃白色系為輔	←→	黑色為主，黃白色系為輔
右側	白色→天下第一奇書……了極著。	←→	白色→蝸牛身體。
右下	印章→周公靈駕祕傳。	←→	蝸牛殼。
中間	三字經大解密。	←→	樹幹。
左側	「五」術學習者……。「九」九乘法，為周公……。	←→	59。

　　從以上（左圖）與（右圖）對照比較，我的「內心」世界，確實能夠感受到這種「關聯性」之震撼。榮格將這種「有意義的巧合」，稱為「同步性」（同時性），透過「人的心靈力量」（例如夢境），可以實際體驗到這種「同步性」。

　　以下介紹《天下第一奇書三字經大解密》中，儒學大師周勳男老師推薦序文──對瞭解周公幫助很大：

　　「現代人大概很少能夠瞭解歷史上的『周公』了。恐怕只把『夢見周公』，當作是打瞌睡的代名詞。有些書店現在還可看到所謂《周公解夢》；老一輩的人，或許也看過電視上《周公鬥桃花女》的連續劇。這些固然遠離事實真相，但仍可見周公在民族的潛意識裡，留下長久的影

響。

　　其實，就現存古代各種文獻來看，周公是歷史上一位傑出的思想家、政治家、軍事家、文學家。孔子是殷商的後裔，但他研究夏商周三代的歷史文化之後，說出他的感想：『周監於二代，郁郁乎文哉，吾從周。』大意是說，周代跟夏、商二代比較起來，是文明進步多了，所以他贊同周代的文化。他在《論語》中，又感嘆道：『甚矣，吾衰也！久矣，吾不復夢見周公！』可見他在年老力衰以前，是多麼仰慕周公，以他作為效法的對象，朝思暮想，以致經常夢中相見。可以說，不瞭解周公，就無法充分理解孔子思想的底蘊。所以在唐代以前，周、孔並稱，是瞭解其中淵源的；宋代以後，才開始孔、孟並列，尤其是朱子編著《四書》以後。姑且不論其評價如何，單就儒家思想史來說，固然愈見深入精微，但原來的恢弘氣勢卻不見了。

　　周公全力裏助父親文王、兄長武王，終於滅商，而建立周朝，貢獻很大。當武王操勞成疾時，欲傳位給赫赫戰功、文武全才的周公，但他不只不肯接受，還祈禱鬼神，願替武王而死。詳細的記載，可參見《尚書‧金縢》。武王的病好了三年，最後還是一病不起，於是就命周公輔弼約十三歲左右的世子誦，即接位後的成王。

周公夙夜勤勞國務，成王也想繼續先王的常德，不敢自求安寧。但管叔及其諸弟卻流言於東國：『公將不利於孺子。』，成王受流言所惑，也不能諒解周公。朝中大臣，連最賢明的召公，也頗受流言蠱惑。周公就坦告召公及太公兩位元老，大意是說：我之所以甘冒嫌忌而不避位，是怕國家危亡，無以告我先王在天之靈。經過一番懇談，終於說服了召公繼續留位，詳見《尚書·君奭》。但是武王時擁護武王東征的諸侯，卻大多不肯再興師幫助周公東征，因為他們認為這是周家內部的事，不便干涉。周公只好託先王的神命來說服他們，詳見《尚書·大誥》。

　　於是周公率領了一部分軍隊，出駐東方二年，終於擄獲了管、蔡二叔及武庚等罪魁。但還是未得成王諒解，於是將自己的心志寫成《鴟鴞》一詩送給成王。雖然有學者對此說存疑，但此詩確實寫的情真意切，頗能表達周公此時的悲憤悽苦，可參見《詩經·豳風》。但成王並不能因此體會周公的心志，所以只得仍停留於東都。傳統的說法是，周公居東而有『爻辭』，雖然也有學者存疑，但卻滿合乎周公此時的憂患意識。

　　終於事情有了轉機。據《尚書·金縢》所說，在周公居東的第三年秋天，禾穀大熟而尚未收割的時候，天大雷電而颱風，禾都吹倒，大木也被拔起，人民大為恐慌。

成王與大夫一起打開金縢櫃中的卜書，才知道有周公曾要代武王而死的事情。成王及召公、太公就問承辦此事的官員。他們答說：對，因周公有命令，所以我們才不敢說出去。成王這時才澈底瞭解周公的心志，在迎接他回來後，賦予完全的信任，而周公也得以逐步實行其政治理想，據《尚書・大傳》所說，主要為『實行封建』、『營建成周』、『制禮作樂』，這些都是切合實際，而影響深遠的政治大工程。

周公攝政七年歸政，受成王命，仍居洛邑，治理東方諸國。三年之後，以病退老於豐。臨終前說：『吾死必葬於成周，示天下臣於成王。』但成王在他歿之後，將他安葬於文王墓地所在的畢，以示天下不敢臣周公。周公既歿，長子伯禽為魯侯承其祀，次子君陳則別食周之采地，為周公與王室之政。

古人對於周公的評價，最為公允而懇切的，當屬荀子了。他在〈儒效〉篇中，如此盛讚周公：『大儒之效，武王崩，成王幼，周公屏成王而及武王，以屬天下，惡天下之倍周也。履天子之籍，聽天下之斷，偃然如固有之，而天下不稱貪焉；殺管叔，虛殷國，而天下不稱戾焉；兼制天下，立七十一國，姬姓獨居五十三人，而天下不稱偏焉。教誨開導成王，使諭于道，而能掩迹于文武。周公歸

周，反籍于成王，而天下不輟周事，然而周公北面而朝之。天子也者，不可以少當也，不可以假攝為也。能則天下歸之，不能則天下去之。是以周公屏成王而及武王，以屬天下，惡天下之離周也。成王冠，成人，周公歸周返籍焉，明不滅主之義也。周公無天下矣。嚮有天下，今無天下，非擅也；成王嚮無天下，今有天下，非奪也，變勢次序節然也。故以枝代主而非越也，以弟誅兄而非暴也，君臣易位而非不順也。因天下之和，遂文、武之業，明枝、主之義，仰易變化，天下厭然而猶一也，非聖人莫之能為，夫是之謂大儒之效！』

在荀子心中，周公就是聖人，就是大儒。自漢武帝獨尊儒家以後，雖然歷史上多少儒者還唱說內聖外王，卻越走越狹窄了，大多偏於內聖，甚至淪為空談心性，而無補於事。時至今日，因緣成熟，了極先生（張惠福）除了主持寶島第一座『周公廟』，主祀周公及其長子伯禽之外，並創辦『周道書院』，以發揚周公的大儒精神，及周道文化精神。而今更精心著作《周公靈傳三字經解密》乙書，本書優點，文政教授已闡述無遺。現遵囑略述周公事宜，以表崇仰聖人之心，及樂為本書隨喜之意。近年來，殷周之際的文物陸續出土，有識之士正努力與現存文獻對照研究，而有助於歷史真相的重建，更令人深切期待。總之，

對於道在日常應用之間，靈活運用，則有賴讀者詳閱本書，深入體會，是所至盼。」

聽完林老師講解《三字經大解密》演講之後，我把自己合成的圖像寄給《三字經大解密》作者張惠福先生，張先生給了回函如下：

廖兄、徐兄兩位好：

感恩又感謝，廖兄所贈圖像，小弟愛不釋手，反覆再三，回味無窮，今獲寶圖，令小弟好運連連，非常突顯，實乃周公「見龍在田」之吉兆。

吾師周勳男，是《易經》大師南懷瑾在台之大弟子，跟隨吾師多年，亦不知其夢中困惑。他謂夢中「青天白雲有『雲中』兩字」，然明察暗訪，歷經十年有餘，亦不得其解。

如今「『雲中白』美學散步」字字句句，真讓吾師，晴天霹靂、語詞激動。但願安排時間，有請廖兄與徐兄北上，共同探討箇中原由，以解夢神周公之旨意！

今特寄上隔周日所舉辦之研習活動，若時間許可，請提前通知，小弟會親自到車站迎接。有請廖兄與徐兄在研討會中賜教，中午再讓小弟略盡地主之誼，以茶代酒，暢其所言。

謹此　祝

　　身心靈安康

張惠福

敬上

周公正解

　　最後終於敲定時間，安排在2011年中秋節前一天見面，地點約在台中市雙十路香蕉新樂園懷舊餐廳，與會的有周勳男老師、張禮修老師、林一男老師、徐明乾教授夫婦。

　　這次見面，我主要想當面瞭解《三字經大解密》作者張惠福先生為何把「59」和「周公」做連結的原由，當面說清楚，講明白。這個難得的因緣，對我和張惠福先生都有相當重大的意義。

在餐廳外合照。照片前排從左到右分別為張惠福先生、張禮修老師、周勳男老師、林一男老師、徐明乾教授夫婦；後排（中間）為作者廖世隆中醫師。（照片由張惠福先生提供，彩圖見第6頁）

張先生帶了幾張「周公祕傳寶藏圖」送給在座的同好，真是貼心（這正是我所期盼的寶物，竟然沒有開口就得到了，張先生可能有感應到我發出的念波）。

　　以下摘自張惠福《三字經大解密》，探討「59」與「周公」如何連結——

　　　　民國八十一年，我們在師父的教誨下學道。其間師尊就以「吾乃五九之尊」為其名，當時眾弟子還不知所云。因為民間只有「九五至尊」的話，九五至尊比喻君位，是皇帝的尊稱。而「五九之尊」呢？確實沒聽過。

　　　　到了民國八十八年間，後學才在《三字經》之外，找到「五九之尊」的鐵證。證明宇宙的主宰就是「五九之尊」。這個物證就是——天九牌！

　　　　在一個清風徐來的夜晚，有一股超強電波進入後學的腦中：「把天九牌重新組合，有一組牌可證明宇宙中主宰的確實身分。」當這個訊息傳來，後學非常興奮。立刻起身到雜貨店，買了一副天九牌。而將天九牌攤在桌上，反覆排列，歷經多時。終於把答案解出來，自己也覺得滿意，才再次讚嘆「天機」的奧妙！

《天九牌》最尊貴的「天人合一」組合
（由張惠福先生提供圖片後重繪，彩圖見第7頁）。

（上圖）張惠福解說：

周公天尊自稱：「吾乃五九之尊。」九五至尊是皇帝
的尊稱。而五九之尊是無極玉皇的尊稱。以上共四支的天
九牌是九五至尊，也是五九之尊。

其九五至尊的解答為：第一支是九點牌，第二支是五
點牌，第三支是三點牌，第四支是六點牌。第一支為九，
第二支為五，第三支與第四支合稱「至尊」牌（天九牌的
定義）。所以，合而為「九五至尊」！

其五九之尊的解答為：第一支為五點牌（由第一支
牌，牌中的五點白色代表）。第二支為九點牌（由第一支
四點紅色牌，與第二支五點紅色牌，結合而成）。第三支
為「之」字牌（上排一點紅色牌，代表「之」的第一筆
劃。下排兩點白色牌，代表「之」的第二筆劃，以一橫

線代表），第四支為「尊」字牌（上排兩點白色，代表
「尊」的上面兩點。下牌四點紅色，代表「尊」的中間正
方形）。

因此，這一組的四支牌，是太極（人界）與無極（天
界）的綜合體，也是「天人合一」最尊貴、最完美的組
合。

張惠福繼續解說：

所謂「儒家的精髓」，其重點就是：一定要將儒家的
經典，回應到「本身」的應對，以達天人合一的境地。簡
單講，儒家講天，是一種徵兆學，是重占卜的一種學問。
其要點就是要瞭解天上力量的意向，以順天為第一要務。

如今，元聖（周公）以五九之尊為名來點燃儒教的聖
火。（由堯、舜、禹、文王、周公、孔子、曾子、子思、
孟子共九位聖賢中，而周公正處於第五位，居正中。這是
五九之尊的另一層深義！妙哉）

在證據齊全的條件下，以「順應天意」、「因緣際
會」、「眾望所歸」為必備的充要理由。而由周公全權職
掌（請注意，是九位傳承聖賢齊力助道），以應天命！

因此，更證明曾仕強教授斬釘截鐵的預言，「周朝再
現」即將到來。以做為21世紀為中國人的哲學與西方人的

科學的聖火傳遞員！

　　所謂周道，應屬於周朝的思想與制度。因為能擁有八百年的豐功偉業，肯定最初周公的制禮作樂，奠定了周家皇朝的基礎。

　　各位同好請仔細的想想，孔子的言論，我們總會找出些頭緒，進而知其大概。前幾章有證明，原來孔子的思想完全依循周公的思想而來。所以周道者，就是純屬於周公的正道，是屬於周公思想的總括是也！

　　胡適先生有句名言：「有一分證據，說一分話。」原來，我們所學的思想，在古時就稱為周道。這是多麼令人振奮的訊息！雖然各文獻上很少有這類名詞的呈現。然而，仔細研究《三字經》的說詞，與聖賢們的心聲，周道肯定會再次重現江湖，再次以嶄新的面貌與中華文化的歷史齊頭並進！

　　曾仕強教授選舉例證明，21世紀的哲學思想，將是混沌的時代，一切思想重新整合，所以有周朝再現的結論。

　　可見，周道的再現，就是要施行王道，也就是中庸之道。

　　周勳男老師說：

　　孔子是殷商的後裔，但他研究夏商周三代的歷史文

化後，說出他的感想：「周監於二代，郁郁乎文哉，吾從周。」大意是說，周代跟夏、商二代比較起來，是文明進步多了，所以他贊同周代的文化。他在《論語》中，又感嘆道：「甚矣，吾衰也！久矣，吾不復夢見周公！」可見他在年老力衰以前，是多麼仰慕周公，以他作為效法的對象，朝思暮想，以致經常夢中相見。可以說，不瞭解周公，就無法充分理解孔子思想的底蘊。所以在唐代以前，周、孔並稱，是瞭解其中淵源的；宋代以後，才開始孔、孟並列，尤其是朱子編註《四書》以後。姑且不論其評價如何，單就「儒家思想史」來說，固然愈見深入精微，但原來的「恢弘氣勢」卻不見了。

周公的生存年代距離孔子已經有五百年之久，怎麼可能周公是孔子的老師呢？

原來「夢周公」就是解答。「周公」是透過「夢境」指導孔子，就像當年榮格遇見智慧老人（費爾蒙）一樣，他教導榮格許多道理。

從榮格之原型理論來分析，這段「師生關係」。我們可以把周公當作一種父親原型的智慧老人。孔子把周公當成理想中的父親印象重疊，這種父親會以公平嚴肅的態度對待小孩，若小孩犯錯，就會採取嚴厲處罰，以引導小孩走向正確的道路，代表偉大存在的原

型。

這種智慧老人原型，若透過比喻人物出現在「夢境」裡時，常會化身為年長的男性魔法師等。

榮格在人生遇到瓶頸的中年時期裡，曾體驗過存在自己心中的智慧老人，以一個長者的姿態出現在榮格眼前的經驗。

榮格稱老人為「費爾蒙」，並描述了當時的景像：「我和費爾蒙兩人走在庭院裡，他教導了我許多道理。」

「費爾蒙」的出現，是為了導正當時正在犯錯的榮格。據説「費爾蒙」是一邊在庭院裡散步，一邊對榮格所思考出來的理論和思想提出了指正，「這些東西並非你所創造出來的，而是一開始就存在於這個世界」，使榮格恍然大悟。

榮格的這項體驗，可說是集體無意識裡的原型對意識發揮了作用，使得榮格的人生獲得非常正面影響的例子。

以下是「張惠福」另有精闢的註解：

> 子曰：「周監於二代，郁郁乎文哉吾從周。」這句話就說得非常清楚，孔子的思想就是遵循著周朝的思想。那周朝這麼多的賢人與帝王，是遵循哪一位明主呢？
>
> 後學認為，這句話所說周者：就是周公是也！因為能監督於二代（武王與成王）者，在周朝唯有周公一人而已。

而「郁郁乎文哉」者：就是孔子讚嘆周公的著作有獨特的見解。其《爻辭》的創作，真所謂「驚天地、泣鬼神」。因此《易經》被列為「群經之首」，有其一定的影響作用！

另「吾從周」者：就是孔子非常願意跟隨周公的思想與精神。以周公為榜樣，而承認其思想的源由，完全傳承自周公！

又曰：「甚矣吾衰也！久矣吾不復夢見周公！」這已經交待得相當明白。那就是孔子的思想完全跟隨著周公的腳步，並且，在夢中也常常接受周公真道的洗禮與真理的教導，而到老了才停止。

簡單講，孔子是感嘆自己身體的狀況太差，差到連跟周公在夢中相聚的能力都不夠。可見孔子對周公思想的依賴與信任！

由此觀之，本殿師尊——周公，真正是中華民族第一位偉大的政治家與思想家。也是真道的傳播者、天命的傳達人！

說完五九之尊後，接著繼續探討，藉由這次因緣聚會，所牽出的另一個因緣。如信中所說：

「吾師周勳男，是《易經》大師南懷瑾在台之大弟子。跟隨吾師多年，亦不知其夢中困惑。他謂夢中『青天白雲有「雲中」兩字』，然明查暗訪，歷經十年有餘，亦不得其解。

如今『雲中白美學散步』字字句句，真讓吾師，晴天霹靂、語詞激動。但願安排時間，有請廖兄與徐兄北上，共同探討箇中原由，以解夢神周公之旨意！」

為什麼會有以上兩段話的出現。原因是，在我寄上蝸牛圖給張先生的同時，信中順便附上，我們在台中讀書會的乙張名片，上面剛好有介紹徐明乾教授，在台東開墾「雲中白，美學散步」的廣告，徐教授正在開發，兼具修行與露營結合的多功能草案。

真巧，周勳男老師在多年前所做的「夢境」再次被喚醒，似乎，這場見面冥冥中早就註定。或許，也是周公的旨意！

徐教授夫婦，私下告訴過我，為何會在台東買一塊地，又命名為「雲中白，美學散步」的原由，這其中的因緣，是得到觀世音菩薩的指點。

因此，我想今生我們所遇到的人、事、物都有不同層次的因緣牽引所促成。所以，人生所發生的一切好壞的種種事情，一定與自己有關聯。因此，接受當下所發生的一切，之後再慢慢談如何面對的方法。

世間人，常在發生不如意的事情時，首先採取對抗的方法，而不是採取接受的角度。從因緣的面向來看，對抗只是在徒增內耗。因此，學習一套圓融的處事態度，不也是今生另一個重要的成長課題。

雲中白這個因「夢境」所促成的緣份，往後要如何發展？不得而知，靜待老天的安排。

完整的內心世界

解夢是「無形（心靈）煉金術」的方法之一。

學習以榮格的方式解夢，已有一點小小的心得，因為榮格用科學（心理學）的方法來幫助分析，因此比較容易理解。但周公解夢可就沒那麼容易瞭解，原因是時空的隔閡，造成我們無法理解其背景。在學習榮格思想的過程中，我也一直在思考東西方解夢有何不同，如何才能找到整合點，它們在深層意義上是否相通？

這些問題，在上一章節中，已得到了解答。「59」代表「周公」，周公竟然在我們「夢境」中出現，這是有特別意義的，如何來說明這意義呢？

周公在我困頓的時候，及時在「夢境」中出現，是一種鼓勵，也是一種認證，告訴我「我所思考的角度沒有錯」，標準答案是：西方夢神（榮格）與東方夢神（周公）在解夢的深層意義上是相通的。

以前，我對周公解夢沒有特別的領悟，可是，竟然在「夢境」中得到周公的嘉許。要是從榮格的角度來思考，在我「內心的世界」裡，東西方解夢的技巧，早以得到整合，而自然現出「曼陀羅」的「夢境」。預示著，「無形（心靈）煉金術」早已啟動，即將完成，從「夢境」中「以心印心」。

「無形（心靈）煉金術」，就是一門將人的內心世界研究，以物質研究，做為比喻的學問。

何謂曼陀羅？

　　在意識與潛意識合而為一，完成一個完整的內心世界時的表徵。

　　為佛教或心理學的用語，靜坐中大澈大悟，達到明心見性的人，有時能看見曼陀羅，也叫蓮花，或現太極圖等，把這種景象描繪出來，就叫曼陀羅。

　　榮格回顧說：「我對於『曼陀羅』的生長過程及其景象，20年來，從本身的經驗中，得到很多的材料。起初，我對自己的觀察，未敢做『先入為主』的嘗試。因此，未敢執筆寫書，也未敢在公眾場合演講；可是1928年，衛禮賢給我寄來了《太乙金華宗旨》，在讀完後，我下決心，把研究的一部分發表出來。」

——《太乙金華宗旨今譯》

以下是「無形（心靈）煉金術」以圖表的方式來整理，比較容易理解。

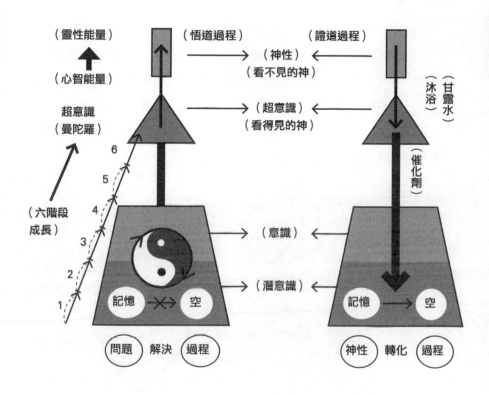

無形（心靈）煉金術簡圖（摘自《零極限》並改編，2011.12.29）。

說明：

（一）意識承認疾病（負面能量），來自於潛意識（情結或陰影）裡重播的記憶，此太極圖代表意識與潛意識的互動，就像病人（潛意識）與醫師（意識）的對話。

（二）意識與潛意識的交流，造成心靈的成長，就像《易經》的6爻（6個階段）一樣，向上成長到超意識（看得到的神明）。

（三）超意識（看得到的神明）與神性（看不見的神明），是一體的兩面。此時，意識和深層的內我產生連結，心智的能量將轉變成靈性的能量。

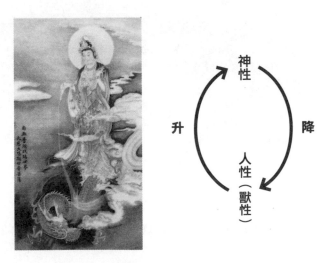

人性（獸性）與神性的整合。

（四）神性（靈性能量），會將用來轉化的能量往下送到超意識（有曼陀羅形象），就像「夢境」中，見到觀音菩薩手持甘露水從空中灑下。

（五）轉化的能量，從超意識往下流入意識裡。

（六）此時，意識與神性合成一體，靈性能量來轉化負面的潛意識（心的病根）。

尋找仙丹？

「無形（心靈）煉金術」對我來講，在認知的層面已經完成，但活在現實的世界裡，空無的境界，很難讓人理解，如何以有效的方式來推廣身、心、靈的整合，又是另一個大難題。

任何事物都是由一體兩面所組成，有無形的，就會有有形的面向。此刻，我的心裡有個靈感乍現，要趕快研究「有形（物質）煉金術」，然後把有形煉金術與無形煉金術做整合，如此，才能發揮大用。

古代中國的道教，在「有形（物質）煉金術」上，可說發揮得淋漓盡致。可是，大家對古代的煉丹術，存有一些負面的看法，原因是，古代的帝王如秦始皇、漢武帝，都因服食丹藥中毒死亡。究竟問題出在哪裡？是重金屬中毒，或古代化學技術不夠高明，或另有原因？

「另有原因」才是我想深入研究的動力。試著找出背後的真相，解開這千古之謎。

據說，漢末魏伯陽《參同契》與晉代葛洪《抱朴子內篇》，均以養性為主，服食為輔，向為研究道教丹道的二大要典，尤其以後

者為著。

　　所以，我就選擇葛洪《抱朴子內篇》加以研究。還有另一個理由是，葛洪一直是我崇拜的對象。他的一生遇見兩位貴人，也就是他的老師鄭隱和陰長生，二位仙人。

　　沒想到，我的書架上，竟然有一本台灣商務印書館發行，陳飛龍註譯的《抱朴子內篇今註今譯》，這書已經放在書架上多年，今日總算派上用場。一股強烈的動力催促我，「趕快！加速把它讀完。」

　　我用片片斷斷休息的時間，竟然能在兩週內，把它讀了一遍。讀完之後，我的腦中漸漸浮現幾個問題──中國的煉丹術和西方的煉金術所追求的本質一樣嗎？為何用此八種礦石煉丹？為何探討松樹的章節，特別吸引我的注意？

　　就如吸引力法則所說的一樣，我的心（念頭）已經向宇宙發出訊息，在無形的網路世界開始搜尋我要的答案。

　　二週之後，推銷藥品的外務員，帶來了一件令人驚喜的產品，宣稱是松樹的萃取物，成分是一種有機硫化物（MSM），聽說，在歐美販賣健康食品的商店，早已熱賣多年。他們的用法是和葡萄糖胺合用，治療筋骨痠痛，比單純使用葡萄糖胺效果好多了。據說，在歐美只要是治療筋骨痠痛的健康食品，幾乎都會加入有機硫化物（MSM）。

　　這訊息，對我來講太重要了，還來得正是時候，要是時間點不

對，我根本不會注意這項產品。

當下的我，馬上對有機硫化物與煉丹術之間產生連結，內心有種莫名的感動湧現。感謝老天，再次引導我看見奇蹟，我心中似乎知道從哪裡繼續研究中國的煉丹術。

以下探討中國的煉丹術與西方的煉金術在追求的「目的」上，有何不同？

道教修行，有一個階段性的理論方法，也就是從「煉精化炁（氣），煉炁（氣）化神，煉神返虛」，即精→炁（氣）→神的轉化。

就如金字塔一樣，在最底層所代表的是，很多的「精」，才能往上「轉化」成一點點的「炁」（氣）；很多的「炁」（氣），才能再往上「轉化」成一點點的「神」。因此，「精」是源頭，也就是中醫所講的「下焦」（下丹田），為中醫所稱「腎臟」功能系統所主的範圍。

中醫把「氣」又分為，「先天之氣」（腎氣），與「後天之氣」（脾胃之氣），「先天之氣」（炁）與一個人的壽命、體質有很大的關係。人家稱讚你精神好，那一定是內在精足神旺的外在展現。

因此，道教的修行，合併採用服食的方法結合，一定和補腎有密切的連結。一個人要是體質弱和常生病，對於道教的修行多少會造成障礙，精→炁（氣）→神的轉化就緩慢。

補腎有利於道教的修行。話雖如此，但補腎可不是那麼容易就能「補進去」。在中醫的理論，認為後天「脾胃之氣」，是比較容易調整；但先天「腎氣」要補進去是相當困難的。但從減少消耗的角度來看，比較可行。因此，大多數的養生理論都停留在指導如何節制，減少過度消耗體能（精力）。但對於先天體質，本來就較弱的人來說，似乎成效不怎麼好。

　　所以，要尋找好的補腎藥物，來輔助修行，應該是存在的。從古代留下來的資料，好好地研究道教煉丹術背後所藏的深層意義，我想寶藏就藏在裡面。

　　然而，西方的煉金術，所追求的目的是把低等的金屬，冶煉成高級的金屬（黃金）。因此，其真正的目的，仍在追求物質面的「真金」。最後，能不能成功，在此我們先不討論。但值得慶幸的是，它促成了現代化學的進步，演變至今，也造成了醫藥化學的高度發展。

　　不管東方煉丹術或西方煉金術所追求的目的不同，後來發展的方向也不同，但都是人類老祖宗所留下來的共有資產、智慧結晶，我們應該要好好珍惜，加以整合利用，使多面向的智慧光芒再現，照亮人類的下一個文明。

為何用八種礦石煉丹？

葛洪在《抱朴子內篇・明本篇》說：「鍊八石之飛精者。」

「八石」是道教用「石礦」煉丹，這些材料分別是硃砂、雄黃、雲母、空青、硫黃、戎鹽、硝石、雌黃等八種。飛，這裡是煉或採的意思。

以現代化學的眼光來看這些石礦的主要成分

硃砂：硫化汞（HgS）。

雄黃：硫化砷（As_3S_2, AsS）。

雲母：（鋁、鉻、鐵鎂；鈣、錳或鐵鈉）的水合矽酸鹽。

空青：鹼式碳酸銅。

硫黃：天然硫礦礦（S）。

戎鹽：氯化鈉（$NaCl$）。

硝石：硝酸鉀或鈉（氮化合物）。

雌黃：硫化砷（As_3S_2, AsS）。

從現代化學的觀點來看，服食這些礦石化合物，一定會有重金屬中毒的問題產生。但古代仍然有很多人相信，它的神祕功效。因此，對它懷有美好的憧憬，希望透過服食此仙丹而成仙。例如，秦始皇、漢武帝也都是因服食此仙丹而中毒身亡。

可見此方（八種礦石）在臨床應用上，應該藏有未解的祕密，古人也無法交待清楚。更何況，有財力來從事煉丹的富人也不多。因此，這方面知識的傳承就難上加難。但有智慧的道教仙人，一定有未闡明的方法，來巧妙地使用它。

要解開這深層祕密，不能用通俗的眼光來看，應該站在更高的角度來思考它，更不能在此方的表面上，鑽牛角尖。

　　以現代醫藥化學的角度來看，此方就是硫化物和金屬礦物的氧化還原反應，在不同的時間、溫度、濕度條件下的化學反應，而產生不同的化合物。大部分的醫藥專家都把目光放在，煉丹所產生的毒物上。古人可能不會這麼想，他們只是在觀察此化學反應的進行，一面體驗激烈的色彩、味道的改變，最後產物像黃金、白銀一樣，誘人色彩的東西，而感到無比興奮。古人從化學反應的外在變化，開始思考人生，人生何嘗不是一樣，不經一番磨練考驗，是無法成就修行的志業。所以，煉丹在意義上，也有心靈面成長的功能。

　　一開始我的想法和大家一樣，也一直在思考，同一個問題，就是何種狀況、條件下，使用這些重金屬產品，而不傷身體，答案可能是無解！但經過時間的思考與沉澱，我改變了想法，不再注意重金屬，而是轉向「硫」元素。

硫磺鴨的祕密

曾經轟動一時的韓劇《大長今》，劇中藏著古代重要的醫學祕密，就是關於硫化物的種種面向。當我研究到這裡，便不得不佩服古人的智慧，能把這麼重要的醫學寶藏藏在一部文學作品裡。

相信大多數的人，都看過這部戲。曾為劇中人物長今的身世、遭遇，而感動落淚。但是，很少人會真正看到《大長今》作者的心意，想透過戲劇傳達一個重要的古代醫學發現。

這個醫學祕密就藏在故事的前、中、後三個段落，分別介紹了硫化物的三個面向，可謂之古代醫學的創見。可是，現今硫化物的大用，也還未被完全闡明，真是可惜！

前段：「硫黃鴨事件」

故事起因於，皇上身體虛弱，御醫建議，前往溫泉區，泡溫泉。御廚順便做了一道當地的特產「硫黃鴨」來給皇上補身體。沒想到，隔天，皇上突然暈倒，御醫診察不出病因，為了推卸責任，而把箭靶指向御膳（硫黃鴨）有問題，繼而引發一場宮廷權力鬥爭。

掌管御膳廚房的最高尚宮與女主角長今因此被流放。明知這是一場政治鬥爭陰謀，但啞巴吃黃蓮，如何才能脫離這場災難？因此，長今吃盡苦頭，並認真學習醫術，並入宮成為醫女，只為了釐清硫黃鴨是否有毒？為何平民百姓，食後身體變壯，而皇上卻病倒了？

在追查「硫黃鴨事件」中，開始點出了「硫黃」在醫療、食療中，所扮演的角色與價值。以下為劇中對白摘錄：

當地賣鴨人説：
‧吃了硫黃鴨，七旬老翁也可以打敗漢子。
‧吃了硫黃鴨，六十多歲老頭也可以生兒子。
‧當地人説：這鴨子是長生不老的靈藥。

韓醫説：
‧這些鴨子是吃下劇毒硫黃沒錯，但鴨子吃下後會幫助體內去毒，幫助恢復元氣，也有最好的解毒之功效。
‧這些鴨子吃了硫黃之後，也都可以自己解硫黃毒。
‧萬一鴨子吃下硫黃，可以法製去毒。在人體內吸收，對於恢復元氣就沒有比這更好的藥材了。
‧硫黃是補充陽氣最好的藥材，但是因為法製去除硫黃毒性，非常困難。所以，硫黃不被大家採用。萬一鴨子可以法製去

毒，吃過硫黃的鴨子，可以說是，活著的金丹靈藥呢！

· 吃下這鴨肉不會有問題，如果真有問題，可能是精力過於充沛吧！

中段：因母后偏食，造成硫化物不足，所產生的疾病

故事起因於，母后娘娘偏食的因素，而在營養上的長期失調，造成舊疾加新病。因此，病情不斷加重，群醫束手無策。最後，竟然被長今用食療的方法，把太后不喜歡吃的大蒜（含硫化物）味道改良，讓母后得以食下，而病情出現轉機。

以下是御醫對母后病情與處置的敘述（劇中對白摘錄）：

· 因陳疾「歷節風」（關節痛的一種），手腳都已經浮腫，肝臟和心臟也虛弱很多，而且還會氣喘，經過御醫診斷，使用補中益氣湯，但母后藥難入口，食後嘔吐，病情加重，雙腿突然之間無法屈伸，而且呼吸急促，胸口起伏不定狀況，也較為顯著。

· 可以看到，因為腎臟虛弱，感覺疼痛。看到人，要認出是誰，比較緩慢，眼睛似乎也比前些日子，更要晦暗不清。

· 因為陳疾多年，導致氣力虛弱。況且，錯過了診療時機。因

此，可能引發各種合併症狀。

· 太后娘娘的胃和脾臟，從以前就很不好，更何況，自從錯過診療時機之後，可能因為瘀血，娘娘的玉體就越來越虛弱，連比較容易吸收的湯藥，腸胃都不接受。

· 再者，娘娘的手指甲，也開始浮現青色或棕色的大型斑點，娘娘的肝臟似乎也不太好。歷節風也越來越嚴重，在娘娘的身邊伺候娘娘，更覺得不忍心。

· 娘娘玉體排斥藥物，但是病情卻越來越嚴重。太后娘娘的陳疾引起併發症，造成其他不甚健康的臟器也都受損，現在各種症狀都出現了，真令人憂心。我們更不能為了處理各種症狀，來處方治療。

· 太后娘娘，突然陷入昏迷，精神恍惚，嘴裡喃喃自語，好不容易吃下的米湯，全部都吐出來了。

· 再次詳細診察，下腹似乎沒什麼感覺，膝蓋和腳踝無法伸屈，兩腿無力，以經出現浮腫的現象了，身上有微熱和惡寒，還有些出汗。

· 御醫診斷為「腳氣病」──娘娘下腹感覺遲鈍，不到兩天就開始嚴重嘔吐，這分明就是「腳氣衝心」。「腳氣衝心」就是娘娘精神恍惚，有時甚至會不知所云，這是很危急的狀況。

- 御醫又重新「斷證」和「處方」——雙腿浮腫無力，無法屈伸，有時精神恍惚，引起嚴重嘔吐，進食困難。處方（杉節湯＋補脾胃湯藥），但服後仍然嘔吐。此時，群醫又束手無策。

- 御醫想先從膳食改變著手。和御膳廚房溝通之後，才知道娘娘對有益於腳氣病的食物大都不喜歡吃。

- 後來經過長今的查證，認為太后的病，是因為飲食習慣引起的。所有醫書上記載對腳氣病有益的食物，娘娘都不喜歡吃，紅豆、大麥或是薏仁、昆布、大蒜、鯉魚、泥螺、紅棗……。

- 御醫再次處方，因為娘娘不喜歡那些食物的味道。因此，改變藥物的形態，做成藥丸（大蒜〔含硫化物〕＋米糠〔含維生素B1，也是一種硫化物〕）→服後，病情改善，續服其他湯藥已不再嘔吐。

- 御醫說到：（一）大蒜對腸胃有益，對通便也有幫助。因此，太后現在的腳氣病是再好不過的藥材。（二）米糠對無法進食或嘔吐的現象有絕佳的療效。

後段：藏著一個重要的祕密，也就是硫化物的解毒作用

　　從硫黃鴨事件開始，皇上的病，一直都是不明原因。御醫一直想從古代的醫典裡找答案，最後在中國醫聖張仲景的《金匱要略》這本書裡，找到了病名，叫做「狐惑病」，但書上的處方「甘草瀉心湯」卻無效。最後，被長今找到，造成此病的原因，是重金屬中毒。這裡就點出了硫化物，在解毒作用之意思。

　　以下是長今為了找出病因和治法的敘述：

- 長今視察了提供皇上肉品和牛奶的牧場。發現牧場的牛，因飲用了溫泉的地下水，也有重金屬中毒的症狀。
- 因此，斷定皇上得到「狐惑病」的原因，是長期「肝經濕熱」，十年或二十年後才發病。
- 因此，處方：防己＋紅蔘，膳食：大蒜粥＋醃酸梅
- 御醫也從《金匱要略》書中，找到了病名，叫做「狐惑病」，病雖是狐惑病，但病因卻和《金匱要略》不同，而是長今所說的肝經濕熱引起。
- 因此，皇上的脾臟非常虛弱，食慾不振。剛開始的症狀與風寒很相似，不過這種病症會擴散到腸，還有穴道，以及全身四肢，甚至會侵襲眼睛，影響視力。

- 造成肝經濕熱是另有原因，因為中了雄黃毒所引起的，「砒素」（三氧化二砷）就是「雄黃」中所含的一種猛毒，微小的量，也可以置人於死地。

- 皇上，為了要去除龍體的瘡症，所使用的溫泉水，含有微量的砒素的雄黃。因為，份量很少，因此，用肉眼是看不出來的，也聞不到氣味，甚至也嚐不出味道，微量的砒素，進入皇上的龍體內，於是造成了，皇上「肝經濕熱」的症狀。

- 泡溫泉，對皇上的瘡症，的確是有益的。不過，問題在於，皇上長期以來飲用的牛奶。提供皇上飲用牛奶的地方，就在溫泉附近，那兒牛隻所喝的水，就是來自溫泉地的地下水。

- 這麼說，牛隻喝下那裡的地下水，再提供牛奶給皇上飲用。百姓是不容易喝到牛奶的，因此百姓們沒有任何問題。但是，皇上卻長期飲用，這微小的量，慢慢累積在體內，砒素終究傷害到皇上的肝臟，才引發肝經濕熱的症狀。

因此長今使用：

防己──可以去除雄黃之毒。

紅蔘──可以補氣益血、托毒合瘡。

膳食：大蒜粥＋醃酸梅。

為何探討松樹的章節，特別吸引我的注意？

在陳飛龍《抱朴子內篇今註今譯·仙藥篇第十一》書中有二個故事，和松樹有關：

第一個故事：

【原文】

　　余又聞上黨有趙瞿者，病癩歷年，眾治之不愈，垂死。或云不如及活流棄之，後子孫轉相注易，其家乃賫糧將之，送置山穴中。瞿在穴中，自怨不幸，晝夜悲嘆，涕泣經月。有仙人行經遇穴，見而哀之，具問訊之。

　　瞿知其異人，乃叩頭自陳乞哀，於是仙人以一囊藥賜之，教其服法。瞿服之百許日，瘡都愈，顏色豐悅，肌膚玉澤。仙人又過視之，瞿謝受更生活之恩，乞丐其方。仙人告之曰：「此是松脂耳，此山中更多此物，汝鍊之服，可以長生不死。」

　　瞿乃歸家，家人初謂之鬼也，甚驚愕。瞿遂長服松脂，身體轉輕，氣力百倍，登危越險，終日不極，年百七十歲，齒不墮，髮不白。夜臥，忽見屋間有光大如鏡，以問左右，皆云不見，久而漸大，一室盡明如晝日。

　　又夜見面上有綵女二人，長二三寸，面體皆具，但為小耳，遊戲其口鼻之間，如是且一年，此女漸長大，出在其側。又常聞琴瑟之音，欣然獨笑。在人間三百許年，色如小童，乃入抱犢山去，必地仙也。于時聞瞿服松脂如

此，於是競服。其多役力者，乃車運驢負，積之盈室，服
之遠者，不過一月，未覺大有益，輒止，有志者難得如是
也。

【今譯】

　　我又聽說上黨有個名叫趙瞿的人，患有癩瘋病多年，
經由各種治療，都沒能痊癒，已經趨近於死亡。有人說：
還不如趁他活著的時候就拋棄掉，以避免後代子孫，輾轉
的互相傳染，於是他的家人，就帶著糧食，將他送到山洞
裡，安置下來。趙瞿在山洞裡，自己怨恨身世的不幸，日
夜悲嘆不息，在痛哭流涕中，度過了一個多月。有位仙
人，行經這個山洞，看見趙瞿，如此感傷的情況，不禁心
生哀憫，詳細的詢問事情的經過。

　　趙瞿知道，這是位奇人，就磕頭自述患病的情況，
乞求哀憐救命，於是仙人把一袋藥物，賜給了他，並且教
他，服食的方法。趙瞿服食一百來天，癩瘡都痊癒了，臉
上的顏色，豐滿又悅澤，肌膚也泛出，像玉一樣的光澤。
仙人又來探視他時，趙瞿感謝仙人，給予自己再生復活的
恩情，乞求賜給那種藥方。仙人告訴他說：「這不過是些
松脂而已，在這座山裡，有特別多這種東西，你只要煉製
服食，就可以長生不死了。」

趙瞿就回到家裡。家裡的人，起初以為他是鬼，非常驚愕，趙瞿便將事情的經過，細述了一遍。後來，趙瞿就在家中，長期的服食松脂，身體變得輕快，氣力增加了百倍，攀登懸崖，翻越險峻，終日不覺疲倦勞累。當年紀到了一百七十歲時，牙齒也不掉落，頭髮不白。有一天夜裡，躺在床上，忽然看見，屋裡有一片光亮，像一面鏡子那麼大，詢問旁邊左右的人，大家都說，沒有看見。而他卻覺得，那一片如鏡的光亮，不久就漸漸變大，整間屋子，就如同白畫那麼明亮。

又有一次夜裡，他發現自己臉上，有兩個穿綵衣的女孩，長二三寸，顏面五官與身體四肢，一切具備，只是人小罷了，綵女竟在他的嘴巴和鼻子之間做遊戲。像這樣情況，延續將近一年，綵女逐漸長大，跑出來站在趙瞿的身邊。趙瞿又常常聽到，彈奏琴瑟的聲音，便高興地獨自發笑。他在人世間，活到了三百多歲，氣色有如小孩一般。最後，到上黨東南的抱犢山去，一定是成為地仙了。在當時，人們聽說，趙瞿服食松脂而成仙的如此情況，於是競相服食松脂。那些家有僕役的人，就用車子載、驢子運，家中堆滿了松脂。但是，能夠服食，時間最久的，也沒有超過一個月，他們尚未感覺到，有太大的效益，就都停止了服食。由此，也可以看出，真正有志於長期服食仙藥的

人，是多麼難得啊！

另一則故事：

【原文】

　　又漢成帝時，獵者於終南山中，見一人無衣服，身生黑毛，獵人見之，欲逐取之，而其人踰坑越谷，有如飛騰，不可逮及。於是乃密伺候其所在，合圍得之，定是婦人。問之，言：「我本是秦之宮人也，聞關東賊至，秦王出降，宮室燒燔，驚走入山，飢無所食，垂餓死。

　　有一老翁教我食松葉松實，當時苦澀，後稍便之，遂使不飢不渴，冬不寒，夏不熱。」計此女定是秦王子嬰宮人，至成帝之世，二百許歲，乃將歸，以穀食之，初聞穀臭嘔吐，累日乃安。如是二年許，身毛乃脫落，轉老而死。向使不為人所得，便成仙人矣。

【今譯】

　　又，漢成帝的時候，獵人們在終南山中，看見一個沒有穿衣服的人，身上長著黑毛。獵人們看見了，想要追趕捕捉，但是那人卻踰越過坑谷，快如飛騰，獵人根本不可能趕上她。於是，獵人們就暗中埋伏，在那人出沒的地方，經過包圍後，終於抓到了，才發現，原來是個婦人。

質問之下，婦人說：「我本來是秦王朝的宮女，後來關東亂賊入關，秦王子嬰出城投降，宮殿被大火焚燒一空，所以驚惶失措的逃入終南山。當時非常飢餓，卻沒有東西吃，幾近餓斃。

這時有一位老翁，前來教我吃松樹的葉子和果實，起初感到苦澀難嚥，後來稍微適應了，便不再感到飢餓口渴，冬天的時候，不覺得寒冷，夏天的時候，不會感到炎熱。」計算起來，這個婦人，肯定是秦王子嬰的宮女，到漢成帝時代，她已是二百來歲了。於是，大家把她帶了回去，拿穀物給她吃。她起初，一聞到穀物的氣味就嘔吐，過了幾天，才能適應。像這樣，過了兩年左右，婦人身上的黑毛才脫落，轉而變得衰老，最後就死了。假使那位婦人，不被獵人抓到，仍然生活在山中，她便可成為仙人了。

以上二則故事的真實性無從考察。但以古人的智慧，他們從日常生活中體驗，發現了「松樹」對人體的諸多好處，值得推廣。因此，也可以神話的方式來傳播。

道教的修行裡有服食的觀念，其中松樹就是在深山修行時所不可或缺的重要物資，也唯有在有名的深山裡，才有大量年代久遠之松樹可被利用。

因此，松樹和道教修行連結在一起，松樹又和長壽連結在一起。所以，很難不讓人聯想到長壽仙人和松樹之間有關聯。

　　不僅是道教，中國的醫學也發現了松樹的好處。因此，中醫有關松樹的相關部位，全都被拿來當成藥材使用。就連松樹根部長出來的茯苓（松根靈氣結成，以大塊堅白者良）、「茯神」（即茯苓抱根生者）也是重要的中國藥材。

　　松樹的相關部位產品還包括：琥珀（松脂入土，年久結成）、松節（松之骨也，浸良酒）、松脂（養生家煉之服食，今熬膏多用之）、松毛（釀酒，治風痺腳氣）、松子（養生重要食材）。

　　還有近來從松樹所萃取提煉，加以純化的白色結晶體，稱為MSM（有機硫化物），在歐美正被大量使用。

　　因此，在上一則故事，稱松脂為仙藥。但是知道它的好處，而有志於長期服食的人，是多麼難得啊！

松柏為何長青？

　　從以上故事所敍述，服食松樹的相關部位，可以見到在長期大量服食者，表現在皮膚、筋骨、毛髮、延長壽命方面，有較明顯改變的現象發生。我相信，這和硫化物的藥理作用有相當大的關聯。

　　以下是從中醫《傷科大成》（清‧趙濂原著）書中所節錄，關於硫化物在皮膚、筋骨與毛髮修復上明顯的作用（現代醫學得知，毛髮的主要成分是硫化物）。

一、鼻樑骨斷落證治：

　　（一）如鼻已傷落下者，急趁血熱，蘸「髮炭末」黏貼原位，不可歪斜，如絹條紮緊，遲則血冷不能黏。

　　（二）服「壯筋續骨丹」。

二、砍跌打落耳朵證治：

　　（一）砍跌打落耳朵，或上落下黏者，或下脫上連者，急拈正，用「封口金瘡藥」。

　　（二）若全落下者，急蘸「血餘末」（髮炭末），貼原位，將兩耳相對，次以竹片夾緊，加布條紮好。

三、方藥：

（一）封口金瘡藥：

主治：治破爛未收口者，能生肌肉。

組成：乳香、沒藥、木鱉仁、輕粉、煆龍骨、血竭、白芨、「老松香」、䗪蟲、白蘞、五倍子。

（二）琥珀膏：

主治：生肌長肉神效。

組成：「琥珀」、生珠、血竭、象皮、兒茶、銅綠、「髮灰」。

以下節錄自《正骨心法》（清‧吳謙等著）書中敘述：

一、綴法：（一）主治：鼻被傷落者，耳傷落者同此。

二、製法：用「人髮」入「陽城罐」，以鹽泥固濟，煆過為末藥，急以所傷耳鼻，蘸藥安綴故處，以軟絹縛定效。昔江懷禪師，被驢咬落耳鼻，一僧用此，綴之如舊。

在延長壽命方面，硫化物的現代藥理學研究對其作用機轉仍不明，但從中醫補先天腎氣的角度來看，是可以成立的。

松柏長青，這句話是長壽的象徵，道教修行與松樹有相當大的關聯。世界上，各宗教的修行，很少像道教一樣，特別強調延長壽

命的面向，彭祖活了八百歲，歷代仙人，千歲萬歲比比皆是。

　　筆者，曾跟隨已故張正懋老國醫學習。他教過我，一個非常實用的方劑，叫養老方。據說，此方的來源是集大陸名老中醫的智慧，為鄧小平所獨創的方劑，目的是給鄧小平長期保養身體用的，不知老鄧是否有長期服用。

養老方：

1.組成：粉光、川七、琥珀。

2.服法：磨成細粉狀，每日少量，長期服用以保健。

3.劑量比例：4：2：1。

4.功效：預防與治療心腦血管病變。

　預防：少量長期服用。

　治療：加大劑量服用。

左邊為作者本人，右邊為已故張正懋老國醫
（彩圖見第8頁）。

此方，只有三味藥物，粉光與川七的作用，現代藥理學已經有很多研究，有明確的藥理機轉。唯獨琥珀的作用，過了十年我還是無法真正了解它的大用與妙用。

以下從中醫《本草備要》（清朝汪昂著）書中來考察琥珀這味藥：（含硫化物）

〔琥珀〕（通・行水・散瘀・安神）

一、味性：甘平。

二、功能主治：

（一）以脂入土而成實。

　　故能通塞以寧心，定魂魄，療癲邪。（從鎮墜藥，則安心神。）

（二）色赤入手少陰厥陰血分（心，肝）。

　　故能消瘀血，破癥瘕，生肌肉，合金瘡。（從辛溫藥，則破血生肌。）

（三）其味甘淡上行，能使肺氣下降，而通膀胱。

　　（經曰：飲食入胃，游溢精氣，上輸於脾，脾氣散精，上歸於肺，通調水道，下輸膀胱，凡滲藥皆上行而後降。）

　　故能治五淋，利小便，燥脾土。

　　（從淡滲藥，則利竅行水。然石藥終燥，若血少而小便不利者，反致燥急之苦。）

（四）又能明目磨翳。

三、品質：

（一）松脂入土，年久結成。

或云楓脂結成。

（二）以摩熱拾芥者真。

繼續考察《本草備要》書中，有關松樹其他部位的作用：

一、松節（燥濕，去風。）

（一）味性：苦溫。

（二）功能與主治：

松之骨也，勁節不凋。

故取其苦溫之性，以治骨節間之風濕。

（丹溪曰：能燥血中之濕。）

（三）炮製：

杵碎浸酒良。

（史國公藥酒中之用。）

二、松脂：

（一）性味：苦甘性燥。

（二）功用：

祛風去濕。

化毒殺蟲。（齲齒有孔，松脂紝塞，蟲即從脂出。）

生肌止痛。

養生家鍊之服食。

今熬膏多用之。

三、松毛：

（一）釀酒（煮汁代水）。

（二）亦治風痺腳氣。

看過了以上的資料，對於松樹（相關部位）的作用有些了解，接著和有機硫化物（MSM）來做比較，會有相當多令人驚喜的發現。

關於有機硫化物（MSM）的介紹，以下一篇文章，原刊載於《常春月刊》2001年10月號。目前，網路上所流傳有關有機硫化物（MSM）的片段資料，大多節錄自這篇原始資料。此篇文章，詳細記載有機硫化物（MSM），的現代作用版，相當值得參考。此篇文章作者為陳思廷藥師：

有機會逛逛歐美的健康食品店或網站，你應該很容易，可以看到到處熱賣MSM。到底什麼是MSM？以英文全名來解說就是Methyl-Sulfonyl-Methane（化學式為$(CH_3)_2SO_2$）的縮寫，存在人體中的硫元素有百分之八十五都是以MSM結構形式存在的。所以，MSM是一個

有機硫化物。有別於，一般可能引發過敏反應的無機硫化物（如二氧化硫）。

科學家最早發現，存在自然界的MSM化合物，是來自海洋中的微生植物——Plankton所釋放的硫化物——DMS（dimethyl sufide），DMS是一種氣體，在空氣中會與臭氧層及高能量的紫外線作用後轉變成MSM。然後，隨著雨水，再回到土壤及海洋中。天然形成的MSM，是無色無味的結晶體，極易溶於水，存在土壤中，會被植物的根部吸收，然後濃縮在植物體內，成為植物組織的一部分。有機硫化物（MSM）的補充劑，主要萃取自天然松樹體內的MSM而來。不過，近來由於健康食品市場價格上的高度競爭，很多廉價的MSM原料，卻可能是來自石化科技的合成產品。至於其中的差異性，及是否具人體危害性，可就值得探討了。

……

一般人體內的硫化物是不是不足，可能很難如缺鈣會發生骨質疏鬆症，缺鉀會心律不整，那麼容易被察覺。硫元素所參與的生理機制極廣，但卻不一定具專一性，例如：人體的軟骨及結締組織，含有豐富的硫元素。然而，當這些軟組織脫水退化，產生骨關節的磨蝕，引發關節炎時，補充軟組織的主成分葡萄糖胺及軟骨素，卻是一般人

比較直接想到的方式。但是，補充MSM，卻能夠強化韌帶細胞強度，增加潤滑黏液的分泌量，及強化軟組織的結構。

一項由美國加州大學洛杉磯分校，醫學院臨床副教授勞倫斯醫學博士主持，針對二十四名運動傷害的病患所做，為時一個月的的小型臨床試驗發現，每天同時投予MSM及傳統醫療的患者，比只選擇傳統醫療的患者，症狀的改善率高出百分之二十五。此外，一個月當中，因為症狀不適，需要門診的比例，也比沒有投予MSM的患者，少了百分之四十。

到底補充MSM，是不是能夠，有效的改善關節炎及運動傷害的症狀。似乎，需要更多的臨床研究來支持。

不過，在指甲及頭髮，生長狀況不佳的改善上，卻有比較明顯的科學證據，顯示其功效。主要是因為，組成頭髮和指甲的含硫蛋白質濃度特別高，補充有機硫化物，能夠明顯的改善，指甲薄軟易裂，及頭髮韌度不佳的狀況。臨床研究，數據顯示，補充MSM，能夠改善百分之五十的指甲生長狀況及硬度。及百分之百的改善頭髮的生長狀況。

補充MSM的觀念，其實是近幾年，歐美健康食品界，新興流行的趨勢。除了有助於韌帶及關節健康的效果，改

善指甲及頭髮生長健康的作用外，補充MSM能夠對人體產生多少好處，很多還是處於推論階段……MSM似乎，已成了人類預防保健上的萬靈丹。不過，真實情況如何，似乎需要更多的臨床及科學研究來支持。畢竟，關於MSM生理助益上的研究報告，還是非常的少。

古代中醫早就知道應用硫磺在醫藥上的價值，但是天然無機硫化物是有毒性的。因此，用盡各種辦法要來減輕硫磺的毒性，以利於臨床之應用。因而發展出很多種類的炮製法，例如《本草備要》書上就有三種「炮製法」：如下

（一）取色黃堅如石，以萊菔剜空，入硫合定，糠火煨熟，去其臭氣，以紫背浮萍煮過，消其火毒，以皂莢湯淘其黑漿。

（二）一法絹袋盛，煮酒三日夜。

（三）一法入豬大腸，爛煮三時用。

炮製法不但耗時耗工，而且減毒的效果不是很理想，從性味（味酸有毒，大熱純陽）就可以看出來。因此，限制了臨床醫師應用的範圍和價值。在前面《大長今》之硫磺鴨事件中，就探討過，韓醫說：硫磺是補充陽氣最好的藥材，但是因為法製去除硫磺毒性非常困難。所以，硫磺不被大家採用。萬一鴨子可以法製去毒，吃過硫磺的鴨子，可以說是，活著的金丹靈藥呢！吃下這鴨肉不會有問題，如果真有問題，可能是精力過於充沛吧！

天地造化，真的很奧妙，道教修行人會找到松樹相關部位來服食以利修行，肯定知道其中的祕密，但卻無法說出個道理（這就是來自「無意識」的作用）。然而，透過現代科學的闡明，終於讓意識（自我），得以瞭解並整合無意識（此祕密）。

　　經過千年的辛勞（有形煉丹術），終於看見了曼陀羅（MSM或金丹）。這種醫學的重大祕密被解開了，全世界的人類將同時獲益，這份來自上天的甘露水，將洗淨人類的身心病痛。

　　在之前曾探討「一陰一陽之謂道」與左旋的關係時，就有畫出「坎離相交」（產藥）圖。

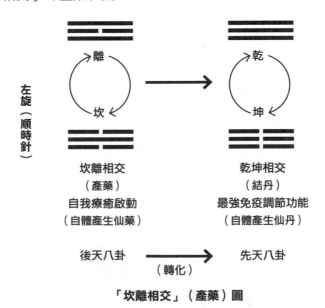

「坎離相交」（產藥）圖

圖示解說：這是小宇宙（在人身內完成，心靈的煉金術）。人身就像一個煉丹的小鼎→產生無形的（仙丹、仙藥）。

以下是説明在大宇宙（天地之間完成，有形的煉金術）。

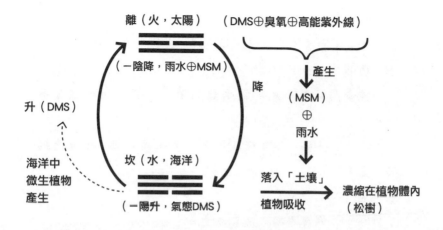

圖示解説：天地就像一個煉丹的大鼎→產生有形的（仙丹、仙藥）。天地之間炮製法→轉化成無毒的有機硫化物（MSM）。

　　看見以上資料，把古代對松樹相關產品的作用與現代有機硫化物（MSM）的作用相比較，很多方面都是相呼應，作用幾乎是一致性的。這讓我更明瞭，原來古代煉丹家所要的重要成分，拜現代醫藥化學之賜得以解開。

　　有毒的硫磺→轉變成，無毒的有機硫化物，這正是，我要找尋的寶物。

　　以下是中醫《本草備要》書中，有關硫磺之敍述：

石硫磺（燥，補陽，殺蟲。）

一、性味：

味酸有毒，大熱純陽。

（硫磺陽精極熱，與大黃極寒，並號將軍）

二、功用：

補命門真火不足，性雖熱而疏利大腸，與燥濕者不同。

（熱藥多祕，惟硫磺暖而能通；寒藥多泄，惟黃連肥腸而止瀉。）

三、主治：

（一）治寒痺冷癖，足寒無力。

（二）老人虛祕（局方用半硫丸。）

（三）婦人陰蝕，小兒慢驚。

（四）暖精壯陽，殺蟲療瘡，辟鬼魅，化五金，能乾汞。

四、品質：

番舶者良。（難得）

五、炮製：

（一）取色黃堅如石，以萊菔剜空，入硫合定，糠火煨熟，去其臭氣，以紫背浮萍煮過，消其火毒，以皂莢湯淘其黑漿。

（二）一法絹袋盛，煮酒三日夜。

（三）一法入豬大腸，爛煮三時用。

話說至此，有形的煉丹術似乎已經找到了眉目。

無機硫化物（S或SO2）→轉化→有機硫化物（MSM）

MSM的結構

台灣在民國100年6月3日，再度許可MSM進口。而且，用量加大，可見其安全性。

市面上已有幾本介紹MSM的書，有興趣的讀者可去買來深入研究：

1.《Msm奇蹟：痛苦的自然解答》（The Miracle of Msm : The Natural Solution for Pain）

2.《Msm明確的指南：關節炎，過敏和更多的營養突破》（Msm the Definitive Guide : The Nutritional Breakthrough for Arthritis, Allergies and More）

3.《Msm：您的自然修理工具包》（Msm : Your Natural Repair Kit）

2011年11月16日，各大媒體、報紙爭相報導：台灣11位科學家，獲得「湯森路透科學卓越研究獎」，在7項研究論文的表現獲得肯定。

11位獲獎者中，被引用次數最多的得獎者，是中國醫藥大學教授鍾景光研究有關大蒜抗癌的論文。這篇論文發現大蒜中有3種含硫化物成分，能夠應用到治療大腸癌的藥物上，讓癌細胞生長週期停滯，並激發自然性凋亡。

他說：「有統計幾十年來，得到『大腸癌』跟沒有得『大腸癌』與吃不吃大蒜有關，吃的人得大腸癌的比例比較少，有統計上的差別。我們就進一步去找，它這3個成分占的百分比很高，扣掉水這些成分就占60％～70％。」

以下是中醫《本草備要》書中，有關大蒜的敍述：

大蒜（張騫使西域使得種入中國，故一名葫。宣，通竅，辟惡。）

一、性味：辛溫。

二、功用：

（一）開胃健脾，通五臟，達諸竅。

　　（凡極臭極香之物，皆能通竅。）

（二）去寒濕，解暑氣，辟瘟疫。

（三）消癰腫，破癥積，化肉食，殺蛇蟲蠱毒。

（搗爛麻油調敷。）

三、主治：

（一）治中暑不醒，鼻衄不止，關格不通。

（搗和地漿溫服。

搗貼足心，能引熱下行。

搗納肛中，能通幽門。）

（二）傅臍能達下焦，消水，利大小便。

（三）切片爇艾，灸一切癰疽，惡瘡腫核。

四、品質：

獨頭者尤良。

五、副作用：

然其氣薰臭，多食生痰動火，散氣耗血，損目昏神。

（五葷皆然，而蒜尤甚。楞嚴經曰：五葷熟食發淫，生啖增恚。

故釋氏解之，釋家以大蒜、小蒜、興渠、慈蔥、茖蔥為五葷，慈蔥、冬蔥也。茖蔥，山蔥也。興渠，西域菜，云即中國之荽。

道家以韭、薤、蒜、胡荽、芸薹，為五葷。芸薹，油菜也。）

硫化物研究至此。似乎已初步，有了清楚的瞭解，就等待更多臨床心得的加入。

基於某種因緣，我請示母娘（金母娘娘）：「有機硫化物（MSM），是否為古代煉丹家所追求的仙丹？」

母娘的回答：「是」，是古代的仙丹成分之一。

這樣的回應，我高興極了，終於找到仙丹。但是，母娘也給了一個伏筆，表示還有成分之二，因此我的「求仙丹」之旅還待繼續努力吧？

搜尋「無意識」的意見

榮格在中年期遇到人生的瓶頸，內心非常煩惱時，曾體驗過自己心中的智慧老人出現在自己眼前的經驗。

榮格稱呼老人為「費爾蒙」。「費爾蒙」並不是真的以實際形體出現，而是榮格對於它的存在有著強烈的感覺。因此，是榮格內心的智慧老人原型對他的意識發揮作用，才讓榮格感受到他的存在。

「費爾蒙」的出現，是為了引導榮格。據說「費爾蒙」一邊在庭院散步，一邊對榮格所思考出來的理論和思

想有意見，「這些東西並非你所創造出來的，而是一開始就存在於這個世界」的言論，使榮格恍然大悟。

正因「費爾蒙」提出的批評，讓榮格更加確信，自己所整理出來的「心理學理論」是正確的。而非自己空想所假造出來的，榮格因此更加有自信心。

這項體驗，就是原型對意識發揮作用，使榮格的人生獲得正面影響的例子。

人生困境重重，不是每件事情都能透過「夢境」得到無意識的指引。因此，榮格也用易經卜卦的方式來搜尋無意識的意見。

所以問神、算命、易經卜卦、抽籤……等等，都是利用同步性理論來解釋「心靈內在實際體驗到的事物之關聯性」。

以榮格的觀點如何理解臺灣民間「問神」之信仰習俗？

一般民間信仰，有提供問神服務之宮廟，都有設置所謂的通靈人在傳達神（例如母娘、王爺、三太子……）之旨意。以榮格的觀點來看，所謂神明旨意，有二個層面的意義：

（一）由自己的無意識所創造出來的：

人在面對困境，內心不安，此時無意識創造出東西（神明旨意），由通靈人來傳達，為何能傳達呢？因為人類的集體無意識（神的原型）是相通的。

要體驗「同步性」的發生，最重要在於體驗者內心的感受為何。因為要說明同步性中有關連的兩件事時，關鍵在於「實際感受到這些事情發生了」。

因此，同步性理論因你的認同相信而存在，透過你的心靈力量而顯現出來。所以同步性不會造成事件的發生，而是你要使它發生。當你認知到這重點，能指引你的內心世界走向良好的方向發展。

所以，我創造自己的實相，指出內心世界的力量屬於你，你就是自己的主人，你可以決定事情往哪個方向發生。

我的內心世界如何創造實相呢？可分二個面向來討論。內心世界分意識與無意識各自有創造的力量：

（1）意識創造出來的產物：也就是有邏輯思考的科學產物，有因果關係的存在。

（2）無意識創造出來的產物：也就是神祕學，用同步

性理論可以理解。但神祕學經過意識的包裝，一樣可以轉變成科學，只是比較曲折複雜。無意識最終還是要回歸意識面，讓意識認知到，如此人才能獲得成長。

（二）經由無意識呼喚過來的外靈之意見：

前面探討神明是無意識所創造出來的；這一節探討神明是無意識所呼喚過來的。看似矛盾，其實在榮格的思想裡，它們是並存的，而且是一體的。人類內在的無意識有著能夠實際驅動這個世界的力量。

同樣的一個問題，到底神要外求還是內求呢？

榮格回答：人擁有集體無意識的創造力創造出神明；也就擁有能力呼喚出神明的吸引力。創造力與吸引力是並存而且是一體的。

榮格在其他的作品，也有提到集體無意識所驅動創造力與吸引力並存的描述手法，例如：「從耶路撒冷回來的鬼魂」與「人們看見了幽浮」等事件。一般人只想知道鬼魂、幽浮是否真的存在，但榮格的思考模式與眾不同。榮格只在意「人們真的感受到鬼魂、幽浮存在的事實」，並認為其中才是蘊含深奧意義的關鍵所在。

榮格將幽浮稱為現代版神話。是因為人類內心裡出現共通的強烈不安意識，因此集體無意識為了彌補這種不安，挺身而出，以取得「整體內心世界」的平衡，造成人們「看見幽浮的這個事實」。所以幽浮是人類共同所創造出來的、或是呼喚出來的東西。

　　幽浮呈現圓盤的形狀，所以榮格將幽浮視為「現代版的曼陀羅」。

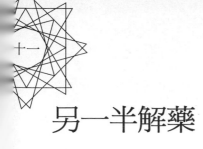

另一半解藥

　　就在前述「湯森路透科學卓越研究獎」得獎名單揭曉後半個月，2011年11月30日，另一件神奇的事情再度出現。

　　1998年諾貝爾生理醫學獎得主威而剛之父，斐里德·穆拉德（Dr. Ferid Murad）博士與台灣的陳振興博士合著的《神奇的一氧化氮》由台中晨星出版社出版。內容大致是說，人體內凡有血液的地方就有一氧化氮（NO）：「**越來越多的研究表明，一氧化氮在治療心血管疾病和很多其他重大的慢性疾病中，具有重要的作用。一氧化氮的主要生理功能包括對心血管系統、免疫系統、中樞神經系統和泌尿生殖系統的作用。人體百分之九十九點九的疾病，均與一氧化氮有關。**」

　　科學家已愈來愈瞭解，人體內生成的一氧化氮小分子扮演著「信使分子」的角色，由於小到可穿透任何細胞，到達任何組織，因此可順利傳遞體內的各種訊號。「**研究表明，一氧化氮可以產生於人體內多種細胞。如當體內內毒素或T細胞啟動巨噬細胞和多形核白血球時，能產生大量的誘導型一氧化氮合成酶和超氧化物陰離子自由基，從而合成大量的一氧化氮和過氧化氫。這在殺傷入侵的**

細菌、真菌等微生物和腫瘤細胞、有機異物及在炎症損傷修復方面，有著十分重要的作用。」

一氧化氮小分子，可以穿透任何細胞，到達任何組織。這些物性和MSM有異曲同功之妙。它們同樣可以穿透身體任何細胞、任何組織，幫助身體修復急性或慢性發炎；而且可以當作藥引，帶領其他藥物到達難以進入的部位，進行修復的工作。這些物性，就是一氧化氮、MSM奇特之處，也是它們目前被看見的價值面。可以把它們的特殊性拿來輔助治療各種慢性疾病和各種疑難雜症，但需要更多的臨床試驗來佐證。

看過了以上的資料。你是否聯想到，古代煉丹的八種石礦之──硝石，似乎已出現一點眉目？

因此，我再次請示母娘（金母娘娘），問道：一氧化氮（NO）是否為古代煉丹，所要的仙丹成分之一？

母娘回答：

（一）是成分之一。

（二）可抗氧化，養陰補陽之效。

從以上集體無意識所挖掘出來的故事，讓我可以了解到，古代煉丹術，所要追求的仙丹，是有多層祕密藏在裡面，不是一般知識所能理解。

平常怎麼吃？怎麼修行？該讓身心處在怎麼一種狀態下，然後

臨門一腳讓自己得到轉化，但又能全身而退，不產生中毒現象？相信再過不久，這些問題都可以找到答案。

前面我曾為有形仙丹下過定義。再次提出來討論：有形仙丹是為了治療身體的病根（治本）而存在；不是為了治療疾病的「標症」而存在。

目前在標症的治療上，不論中西醫都有很好的進展及方法。所以，在面對疾病的思考上，一定要多方面整合，不可偏廢。疾病的難度愈高，需要整合的方法就要愈多樣，病患也需要更多的學習成長，甚至需要更多的金錢花費。

現今醫學的發展，不管是中西醫，都想突破難治疾病的困境。例如癌症的治療，在許多醫院都有整合多科醫師的醫療團隊在進行評估與治療。醫療技術和最新藥物的研究都有往高價自費的趨勢發展，如標靶藥物打一劑就要幾萬元，整個療程，動輒花費上百萬，但療效可能只是提高幾％的存活率而已。值不值得，就見人見智了。

而天然藥物的開發，也同樣有這種趨勢，不斷推出高價位藥品，如牛樟芝、冬蟲夏草等，以學術做包裝，不斷宣傳療效。好像吃不起這些產品，你的病就不會好。感嘆！生命雖無價，但藥價卻愈來愈貴。

你可曾思考，難道沒有平價而又有效的治療藥物嗎？

事實上是有的，只因沒有現實的大利益，就少有人願意去做更多的研究和推廣這領域的知識。

再看一次我所下的定義：

透過長期服食無毒性藥物或食品，以補先天腎氣，達到延長肉體先天之命的方法。

打破落土時，八字命之傳統觀念的限制。只要先天命根還在，任何奇蹟都有可能發生。所以道家常與長壽的仙人連結在一起。

因為要長期服食，所以要無毒性並且價格平民化才能為一般中下階層大眾所接受。不追求高價產品（誤導民眾產生錯覺以為「高價藥＝特效藥」，導致沒錢民眾吃不到此藥，心病會加重，誤認自己的病就是沒吃到這好藥所以才不會好轉，或者即使有錢吃了此藥但病沒有好轉，也會誤認為此病再也無藥可醫！），若長期執著追求此藥品，而產生了心病，就不是藥物所能醫治。

此藥物要能補先天腎氣，達到延長肉體生命的目的。中醫所稱的腎氣為先天（也就是根本），和西醫所稱的腎臟是不同的。

腎氣是一種最基礎和根本的功能，就像細胞基因（DNA）一樣，掌控細胞的功能。因此，所謂補腎氣，就是此藥物能達到最根本的修復和展現生命力；就像基因受損的修復和基因功能的調控。

要是能做到根本的修復和調控，那麼「落土時，八字命」就不再成為定律，人類又再創造出另一種奇蹟。這種奇蹟的再現，可在中國道教的仙人之中找到。

先前我已經探討了有機硫化物與一氧化氮是透過集體無意識的幫助，讓它們從深層無意識浮出檯面，而得到意識的覺知，然後再加以整合。事實上在人類的集體無意識裡，藏著無數的寶藏。但是，要挖寶也要有工具。榮格就像中國的道教仙人一樣，他們都找到了工具，只是大部分的人還不知道自己也擁有這些工具。

　　仙丹的組成，先前我已經探討了之一、之二，事實上還有之三、之四……可以不斷的擴充，只要你認知到工具的存在，就有能力來挖寶。

　　以下的這些植物【黑小茴香（Nigella Sativa），黑芝麻（Sesamum idicum），亞麻仁（Linum usitatissimum）……等】都是非常有潛力的下一個仙丹成分之一。

1.**黑小茴香**：研究指出，種子中的種子油含有豐富的不飽和脂肪酸亞麻仁油酸，最高含量可達60％，主要是w-3脂肪酸。所以黑小茴香種子油是極營養的補充食糧。它能提供人體所需的脂肪酸，幫助及保持人體各器官良好的功能。

2.**黑芝麻**：五色入五臟，黑色入腎，在中醫來說就是補腎的顏色。自古以來黑芝麻常用為滋補藥，本草云：有補肺氣，益肝腎，潤五臟，填精髓，堅筋骨，明耳目，烏髮之功，為服餌所重視之品。含有豐富的鈣質和鐵質及其他重要營養成分。產後調理，燉補藥所用的麻油，為黑芝麻所榨之油。對過勞的現代人來說，是不錯的養生補充品。

3.**亞麻仁**：亞麻仁油來自它的種子，含有相當豐富的 α 次亞麻油酸，屬於w-3脂肪酸，在體內可轉化為EPA和DHA，故有素魚油之稱。EPA有利於預防心血管疾病和自體免疫異常。DHA對於維護腦部、神經和眼睛的健康非常重要。

以上示範，是作者本人透過「夢境」的引導、幫助，從深層無意識所挖掘出來而認知到的部分。在無量義的宇宙中，似乎沒有單一標準答案，只因站在不同高度看問題，而有不同解答。

透過「夢境」的引導，然後與意識產生整合，達到人性與神性合一，最後活出生命的價值與意義，才是作者寫這本書的真正用意。

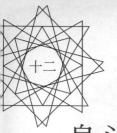

身心靈整合釋夢：身體的夢境

　　曾在行天宮擔任解籤師父的佛洛二德（筆名），據說研究解夢二十餘年，解夢功力讓人驚嘆。他在著作《學會精準解夢的第一本書》中，將「夢境」分為「身體」、「心理」與「靈性」三類。我依其分類與定義，進一步結合榮格的立場補充相關資料來說明。

　　「身體的夢境」即是：身體受到刺激所導致的「夢境」。

　　也就是物理或者生理受到刺激，而導致的「夢境」。

　　例如電視的音響進入睡眠者的耳朵裡面，以致夢中出現了某種畫面；或者，聽到了鬧鐘的聲音後，在夢中聽到了教堂的鐘聲等，都是受到外來刺激而做夢的好典型。

　　像發高燒而血流變成異常時，那種血流會變成轟然巨響在夢中顯現；由於毛細血管的變化，以致夢到，有很多螞蟻在頭皮上爬行。甚至，夢中放屁的聲音，會叫人作雷聲轟然的夢等。這都是身體內在刺激所導致的刺激夢。

　　刺激所導致的「夢境」，是有應用價值的。有時夢者疼痛的刺激，會成為做夢的原因。因此，更不能忽視。如果，重複著作相同刺激夢的話，最好去接受醫師的診斷。

　　身體（眼、耳、鼻、舌、身）受到刺激，所導致的「夢境」，是透過神經的傳導進入腦中。白天是由大腦意識來分辨；睡眠中，就由無意識來作出回應。回應的方式千奇百怪，就像人心一樣難測，但大多不是病態，就像在看電視一樣，可以隨意轉台，因此可以不用太在意。此類「夢境」，大多可以補償意義來解釋，例如「晚上空腹睡覺，肚子餓時」有可能作吃大餐的「夢境」，目的就是不讓肚子餓而中斷你的睡眠。

　　但是把「夢境」拿來作身體疾病的診斷，似乎是大材小用了，用來當作參考就可以了。因為有更好的工具可使用，例如西醫的檢查和中醫的脈診，就可以把身體的疾病做正確的診斷。

　　在此我特別把中醫脈診拿出來作說明，因為這是中醫尋找身體病根的簡便方法。例如肺癌的病人，病灶就在肺臟（可能只是標症），身體病根可能在其他部位。中醫主要是透過把脈來作鑑別診斷。從脈象的部位和強弱就可以找到身體病根之所在，和用藥的指導方針。

　　抗癌名醫吳永志醫師，在《不一樣的自然養生法》書中提到「神教導的食譜救了我」，他提到自己三十歲在接受西醫訓練時，發現自己罹患第三期肺癌，以最新、最強的藥和開刀治療都無法避免被宣告只剩幾個月的命，「在萬念俱灰，求救無門時，突然想起

信仰中的神。又想求點心靈的平安，立刻伸手拿起《聖經》，跪下求神。說也奇怪，手拿著的《聖經》，突然無故掉在地上，打開了〈創世篇〉第一章。心想，這一定是神的指示。所以，我很用心，慢慢地來回不停的讀了好幾遍。」從榮格的角度來看，這就是聖經卜卦的例子。卜籤是「創世紀：第一章二十九節。」

籤詩內容：「神創造了一個，完美的天地空間；創造了，人所需要的一切。之後，才創造亞當和夏娃。並對他們說：看啊！長在地面上，有種子的花草蔬菜；和長在樹上，有種子的水果，就是你們的食物。」

榮格對於易經卜卦的看法，說道《易經》先設定了一個前提：「現世裡的各種事情、跡象之間，有著連科學都無法說明清楚的關係」，而易經卜卦就是找出這些關聯性的方法。對於他人的人生分歧點，榮格也能利用卜卦結果來給予建議。

可是聖經卜卦的結果，神所給予的補償意義（提醒所犯的錯誤或不完整之處），吳醫師仍心存困惑，沒有認知到並完全的相信：

回想以前，只吃大魚大肉，煎、炸、炒、烤，香噴噴食物；和美味可口的糕餅。而神卻要我吃，這地面上，生而無味的蔬菜；和樹上酸酸的水果。我懷疑這樣，會不會更加營養不良，而提早死亡呢？心想，現在病到全身無力，當然要大魚大肉，才有精力啊！

當時，內心的掙扎，實在難受。思考了好幾天，參閱不少有關氣功和長壽之道的書籍。其實，當時並沒有像現在這麼多的營養書籍可以參考。而我在夢中看到，遍地都是新鮮的花草蔬菜，尤其是蓬勃青綠的西洋菜；和清可見底的流動溪水。

　　終於，我下定決心，吃神教導的食譜，天天吃蔬果和喝乾淨的水。……

　　人生遇到瓶頸逆境，在意識上無法解決的問題，就有可能驅動無意識的力量，使其在意識上發揮作用。依據榮格的說法，「夢境」所代表的意義，幾乎都是意識的補償。換句話說，「夢境」的作用在於告知當事人，在意識理所犯的錯誤或不完整的部分，並補足這不完整的部分。

　　從上可知，吳醫師夢見蔬果，夢見流水，在中醫診斷學上，是有診斷意義的。

　　夢見大量青色的蔬果──青色屬肝，可見肝火相當旺盛；夢見流水──水屬腎，可知腎水嚴重不足，肝腎嚴重陰虛火旺，而導致肺癌。因此，不從肺臟下手，而從肝腎，這是中醫妙用的地方。吳醫師為我們作了最佳見證，榮耀歸於誰就不重要了。

　　柴文舉、蔡濱新在《中醫釋夢》一書中，整理了古籍中有關夢見花草樹木和水的敘述，相當值得參考：

夢花草樹木：

《靈樞·淫邪發夢》：厥氣……客於肝，則夢山林樹木。

《素問·方盛衰論》：肝氣虛則夢見菌香生草，得其時，則夢伏樹下不敢起。

《中藏經》：肝脈弦長曰平，若實而微，則為不足，病在內，不及則令人胸脇脹滿，如人將補之，虛則夢花草茸茸。

《中藏經》：肝……虛則夢花草茸茸，實則夢山林茂盛。

《黃帝內經·素問》：菌香生草，草木之類也。肝合草木，故夢見之。

《醫學啟源》：肝虛夢花草茸茸，實夢山林茂盛。

《黃帝內經·素門集注》：夢伏樹下，得春令之木氣也。不敢起者，雖得時氣之助，而亦不能勝。

《素門·經注節解》：菌香生草，木之類也。肝合草木，故夢見之。

《血證論》：夢乃魂魄役物，恍有所見故也。魂為病，則夢好、花草、神仙歡喜之事，酸棗仁湯治之。

夢水：

《靈樞‧淫邪發夢》：

陰氣盛則夢涉大水而恐懼。

厥氣……客於腎，則夢臨淵，沒居水中。

《素問‧方盛衰論》：腎氣虛則使人夢見舟船溺人，得其時則夢伏水中，若有恐畏。

《中藏經》：腎……虛則夢舟溺人，得其時，夢伏水中，若有所畏。盛實，則夢腰脊離解不相屬。厥邪客於腎，則夢臨深投水中。

《備急千金藥方》：左手尺中神門以後脈陰實者，足少陰經也。病苦舌燥咽腫，心煩嗌乾，胸脇時痛，喘咳汗出，小腹脹滿，腰背強急，體重骨熱，小便赤黃，好怒好忘，足下熱痛，四肢黑，耳聾，名曰腎時熱也。

腎時熱，小腹脹滿，四肢正黑，耳聾，夢腰脊離解，及伏水等。

《黃帝內經‧素問》：陰為水，故夢涉水而恐懼也。

《素問‧經注節解》：舟船溺人，皆水之用，腎象水，故夢形之。

《黃帝內經‧素問注證發微》：五臟為陰，而陰之邪氣盛，則夢涉大水恐懼。

《類經》：以陰勝陽，故夢多陰象。腎合水，故夢應之。

以下是吳國定《內經解剖生理學》書中，説明「夢境」的發生與臟腑及其虛實的關係：

淫邪發夢經文表：

區分	靈樞・淫邪發夢篇	素門・脈要精微篇	素問・方盛衰論
實	陰氣盛，則夢涉大水而恐懼；陽氣盛，則夢大火而燔炳，陰陽具盛，則夢相殺。	陰盛則夢涉大水而恐懼；陽盛則夢大火燔灼；陰陽具盛，則夢相殺毀傷。	
	上盛則夢飛，下盛則夢墜。	上盛則夢飛，下盛則夢墜。	
	甚饑則夢取，甚飽則夢予。	甚饑則夢取，甚飽則夢予。	
	肝氣盛，則夢怒。	肝氣盛，則夢怒。	
	肺氣盛，則夢恐懼、哭泣、飛揚。	肺氣盛，則夢哭。	
	心氣盛，則夢善笑恐畏。		
	脾氣盛，則夢歌樂，身體重不舉。		
	腎氣盛，則夢腰脊兩解不屬。		
		短蟲多，則夢聚眾，長蟲多，則夢相擊毀傷。	

虛	厥氣客於心，則夢見丘山煙火。		心氣虛，則夢救火陽物；得其時，則夢燔灼。
	客於肺，則夢飛揚，見金鐵之奇物。		肺氣虛，則使人夢見血物；見人斬血藉藉；得其時，則夢見兵戰。
	客於肝，則夢山林樹木。		肝氣虛，則夢見菌香生草；得其時，則夢伏樹下不敢起。
	客於脾，則夢見丘陵大澤，壞屋風雨。		脾氣虛，則夢飲食不足；得其時，則夢築垣蓋屋。
	客於腎，則夢臨淵，沒居水中。		腎氣虛，則使人夢見舟舩溺人；得其時，則夢伏水中，若有畏恐。
	客於膀胱，則夢遊行。		
	客於胃，則夢飲食。		
	客於大腸，則夢田野。		
	客於小腸，則夢聚邑衝衢。		
	客於膽，則夢鬥訟自刳。		
	客於陰器，則夢接內。		
	客於項，則夢斬首。		

客於脛，則夢行走而不能前，及居深地窌苑中。		
客於股肱，則夢禮節拜起。		
客於胞䐈，則夢洩便。		

附註：

（一）淫邪發夢篇，虛實分別為說，「方盛衰論」，則上句為虛，下句為實。

（二）「方盛衰論」，五臟排列順序為肺、腎、肝、心、脾，為便於對照，業經更移。

身心靈整合釋夢：心理的夢境

心理的夢境，是指內心製造出來的夢：

也就是所謂的「日有所思，夜有所夢」。

這種「夢境」，不外是描寫夢者（做夢者）的內心問題。範圍從欲望到衝動，一直到被壓抑的感情，內心的創傷等等，都是屬於「內心所製造出來的夢」。

以內心的夢來說，在「夢境」出現的人物、動物、場所、建築物等等，並非表示現實生活中的某一個人；或者場所。而只是做夢者的潛在欲望，經過化妝後，顯現出來而已。

——《學會精準解夢的第一本書》

前文說到：身體受刺激所導致的「夢境」，是指（眼、耳、鼻、舌、身）五識受刺激而產生的「夢境」。

現在探討「內心所製造出來的夢」，是指「第六意識」失衡所製造出來的夢，也就是所謂的「日有所思，夜有所夢」。

依據榮格的說法，「夢境」所代表的意義，幾乎都是意識的補償。換句話說，「夢境」的作用在於告知當事人在意識裡（一）所

犯的錯誤，或（二）不完整的部分，並補足這不完整的部分。

　　「日有所思，夜有所夢」，這種「夢境」，不外是描寫夢者（做夢者）的內心問題，範圍從各種的記憶，以及跟它連結的各種感情，種種的欲望到衝動，一直到被壓抑的感情，內心的創傷等等，都是屬於內心所製造出來的夢。

　　林林總總「心理的」夢境，是夢境中最大宗的部分，也是「夢境」中最複雜的部分。應用在各種心病的治療上，千萬別錯過了無意識特地經由「夢境」對我們所作的警告，而浪費了這種難得的改善機會。

　　獲選為《TIME》雜誌2008年百大最有影響力人物的吉兒‧泰勒（Jill Bolte Taylor）博士，是一名年輕的哈佛大學腦神經專家，37歲那年，突如其來的腦中風意外在12月的一個早晨改變了她的人生。她的左腦血管爆裂，因而失去了自主控制身體的能力。

　　泰勒博士並未被擊倒，反而靠著自己對腦神經的專業，努力找出病因，在歷經一場腦部手術並復健八年後奇蹟似地痊癒。她後來繼續致力於腦神經醫療研究，並在全美各地巡迴演說，出版《奇蹟》（My Stroke of Insight-A Brain Scientist's Personal Journey），以自身的經驗和專業讓人們更瞭解中風這種疾病。

　　除了瞭解中風這種疾病，泰勒博士的經歷也帶來一些額外的收穫。因為左腦受傷，她得以「進入右腦意識的旅程，在那裡，我被包裹在一團深沉的內在祥和裡……漂浮到一個令我覺得天人合一的

境界。我終於了解，我們如何能經歷那種『神祕的』或是『形而上的』經驗，……內心的洞見因而產生。」

作者在書中表示，中風後康復的力量，來自於別人的鼓勵支持，和自己內心的渴望，當然，她也提到一些關於「復健」的看法：

> 說到細胞和療養，我要再三強調充足睡眠的價值。我真的相信，腦袋最知道，它自己的康復，有哪些需求。就像我之前提過的，就我的腦袋來說，睡眠是資料建檔時段。

> 在這段長達數年的期間，如果我不理會，我腦袋所需要的睡眠，我的感官系統會承受極大的痛苦，而我的身心都會不堪負荷。我深信，如果我被安置在一般的療養院，每天醒來就看電視、服用利他能（Ritalin）藥物，並遵照他人擬定的計畫表來復健，我一定會選擇多神遊一些，少努力一些。

> 對於我的復健而言，非常重要的是，我們都尊重睡眠的療癒功效。我知道在全美各地的療癒機構裡，有著各式各樣的復健方法學。但我還是要大聲主張，在學習與克服認知困難的期間，不時穿插一些睡眠、睡眠以及更多的睡眠，會帶來極大的好處。

——《奇蹟》

我們的左腦代表理性思維功能，因中風而使它嚴重受損；右腦取而代之，但它的主要功能是（感覺、直覺）等非理性功能。這是因中風而造成性格的轉變，不見得是不好的現象，也是身心自然趨向平衡的一種方式。

以榮格的八種心理類型分類，可能從外向思考型（學者型人物），轉變成易經歷神祕體驗的內向直覺型（宗教家）。當事人把這人生難得的經歷，當作是一種意外的收穫，而心存感恩。猶如經歷一場奇幻的成長之旅。他在書中提到，「這次中風，帶給我無價的禮物，我終於知道，內心深處的平靜只在一念之間。過得心平氣和，並不表示你的生活總是一帆風順，但那表示你有能力在緊張紊亂的日常生活中，進入喜悅的心理狀態。……我很懷念，那種不斷提醒我們，和宇宙是合而為一的感覺。」

因理性意識的左腦功能降低，使得直覺無意識的右腦功能凸顯，而發展出曼陀羅（內在神性），幫助當事人身心產生自我療癒力的啟動。也就是身心靈整合的最佳案例。

一個人長期過度使用大腦（意識）思考，過度的偏離常軌，因此更多的睡眠（無意識）是需要的，如此意識與無意識才得以平衡。但我個人認為，睡眠品質才是更重要，要是能睡得安穩（無夢或美夢），多多睡眠，身心的自我療癒能力會大大的提升。因此，在疾病的治療過程，分段睡眠、增加睡眠是有意義的。

在頭七年，我的夢，淨是一些怪異的片段，是我腦袋裡的內容反射。我的夢裡沒有人物和故事，只有一些不相干的零碎資料。我想，這反映出，當時我的腦袋，老是將一些神神經經的資料，拼湊成完整的影像。

後來，當我的「夢境」，再度出現人物與故事時，反而嚇了我一大跳。剛開始，「夢境」的場景都是破碎的，而且沒什麼意義。不過等到第七年底，我的腦袋在夜間變得非常忙碌，忙到讓我醒來時，都不太覺得神清氣爽。

——《奇蹟》

榮格在分析「夢境」時，不會只針對一次的「夢境」內容進行分析，而是花上較長的時間，對病患所做的多次「夢境」內容依序分析下去。也就是說榮格將個別「夢境」的內容當作劇情連貫的連續劇，而從中分析劇情的變化。

夢，當然不會像連續劇一樣，所有舞台背景和劇中人物都固定不變，倒像是完全不同的單元劇劇情一樣。

榮格認為，雖然每個「夢境」內容看起來不像連續劇一樣劇情連貫一致。但仍舊有一個一貫性的主題，只要沿著這個主題，去觀察病患的心境變化與成長，就可分析病患的內心世界。

病患「夢境」內容產生變化，正代表了他的心境也在成長變化，這就是病患的心靈成長過程。

內在神性的顯現之重要性，在吉兒因左腦中風，透過無意識右腦之幫助而發展出曼陀羅，此魔法石對中風後的漫長復健之路，產生絕對的催化作用，使她相信一定會好起來。八年後，果然應驗了，這就是吉兒真正的《奇蹟》。

以下是另一個，有關心理的「夢境」之故事〈黃粱一夢〉：

傳說，唐朝的時候，有個名叫盧生的青年書生，到京城參加考試。當他來到邯鄲時，住在一家旅店裡，生活十分艱困。在店中，他遇見了一個名叫呂翁的道士。盧生向他訴說了自己的窮困處境，希望能得到功名利祿和榮華富貴，懇求道士，指點實現願望的良方妙法。

呂翁答應了他的要求，借給他一個青瓷枕頭，告訴他說：「你只要枕著它，睡上一晚，就會感到稱心如意。」

盧生高興地接過枕頭，枕著它，很快地進入了夢鄉。這時，店主人剛剛煮上一鍋小米飯。

盧生在夢中考中了進士，當上了大官，娶了一個賢慧、美麗的妻子，擁有五個兒子、十個孫子，兒孫個個功成名就，飛黃騰達……他享盡了人間的榮華富貴，一直活到八十多歲。

可是，一覺醒來，方才的一切都成了泡影，他仍舊睡在邯鄲的旅店裡，只有呂翁在他的身旁。這時，店主人那

鍋小米飯還沒有煮熟呢！

（註）譯文節錄自《史上最強解夢書》蔣星五主編，知青頻
　　　道出版

榮格闡明有關「夢境」所代表的意義，幾乎都是意識的補償。
意識的補償又分為二部分來探討：

（一）告訴當事人在意識裡所犯的錯誤。

（二）告知當事人在意識不完整的部分，並補足這不完整的部
分。

盧生所作的美夢：五子登科，享盡了人間的榮華富貴。正是他
進京趕考所追求的遠景，以此擺脫自己的窮困處境。透過「夢境」
補足了現實世界所不足的缺憾，也算是一種補足的平衡作用。

和這個故事齊名的還有〈南柯一夢〉：

　　從前有一個人，名字叫淳於棼，住在廣陵。他家房子
的南面，有一棵大槐樹。這棵槐樹枝繁葉茂，樹下正是遮
蔭乘涼的好地方。他過生日那天，喝醉了酒，躺在槐樹下
面睡著了。他做了一個夢，夢到自己到了大槐安國，並和
公主成了親，當了二十年的南柯太守，非常榮耀顯赫。可
是，後來因作戰失利，公主也死了，他就被遣送回家。

　　一覺醒來，他看見家人，正在打掃庭院，太陽還沒有

下山，酒壺也在身旁呢！他四面一瞧，發現槐樹下有一個螞蟻洞，他在夢中做官的大槐安國，原來是這個螞蟻洞，槐樹的最南一枝兒，就是他當太守的南柯郡。

（註）譯文節錄自《史上最強解夢書》蔣星五主編，知青頻道出版

先是美夢，接著是惡夢，就像生命回顧轉眼變成空，一切都在夢中結束。想必此人，一覺醒來，必定大徹大悟。從此人生的道路將會走得更有價值與意義。難得在一個「夢境」裡，同時補足了此人的渴望和警告意識所犯的錯誤。

以下是《列子臆說》，由南懷瑾大師所講述：「勞力者的醒與夢」、「勞心者的醒與夢」。

〈勞力者的醒與夢〉

原文：

周之尹氏大治產，其下趣役者，侵晨昏而弗息。有老役夫，筋力竭矣，而使之彌勤。晝則呻呼而即事，夜則昏憊而熟寐。精神荒散，昔昔夢為國君。居人民之上，總一國之事。遊燕宮觀，恣意所欲，其樂無比。覺則復役。人有慰喻其勤者，役夫曰：「人生百年，晝夜各分，吾晝為僕虜，苦則苦矣；夜為人君，其樂無比。何所怨哉？」

翻譯：

周王城有一個姓尹的，產業很大的人家，他下面做勞力的人，早晚勤勞，晝夜不休息。

有個奴隸年老，老得衰弱不堪了，人老筋骨都硬了，力量快要用光了，但是仍不給他休息，還要他做工。

這些老奴隸，白天「哎唷哎唷」的叫，一邊做事，一邊叫苦；夜裡，躺下去不到一秒鐘就睡著了。睡得很熟，打起鼾來，比豬叫的聲音還大，所以精神荒散。

他夜裡常常做夢，夢到當皇帝。坐在那裡，一呼百諾，威風凜凜。這個人大概勞苦慣了，白天做勞役，做夢當皇帝，也是做全國人的奴役，一天到晚辦公，公文不曉得多少。不過，休息的時候，也很舒服，在皇宮裡頭玩樂。想怎麼樣，就怎麼樣，什麼都做得到，生活很快樂。

醒來以後，還要去做苦工，老了又做不動，鞭子在後面打，還是「哎唷哎唷」的叫。

有人安慰他，說你偷懶一點嘛，不要那麼辛苦。可是，這個老頭子說：「你不懂我。」他說：「人生有一百年，白天夜裡各一半。我白天是給人家當奴隸，當然很痛苦；夜裡這一半，我當皇帝啊！快樂無比。所以，我對白天的痛苦，沒有什麼埋怨，白天受了罪，但是我夜裡去當皇帝嘛，這也很舒服啊。」

人生不如意十之八九，當困頓的時候用不同的心態面對，就有不同的結果產生。榮格教我們要先接受所發生的一切好壞，然後才會有正面的心情來面對一切的挑戰。如此才不會產生心病。勞力者白天受苦，但不埋怨；晚上就得到美夢的補償。因此，心理得到平衡，也可以快樂的過日子。

〈勞心者的醒與夢〉

原文：

尹氏心營世事，慮鍾家業，心形俱疲，夜亦昏憊而寐，昔昔夢為人僕，趨走作役，無不為也；數罵杖撻，無不至也。眠中啽囈呻呼，徹旦息焉。尹氏病之，以訪其友。友曰：「若位足榮身，資財有餘，勝人遠矣。夜夢為僕，苦逸之後，數之常也。若欲覺夢兼之豈可得邪？」尹氏聞其友言，寬其役夫之程，減己思慮之事，疾竝少閒。

翻譯：

這個姓尹的老闆，每天忙忙碌碌做生意，想得多了，到處奔走，思慮怎樣發展家庭事業，理念如何，前途如何。

所以，心理同形體，身心越來越疲勞。夜裡躺在床上，昏昏的就睡了。常常做夢，夢中是做人家的奴隸。所以，他夢裡要給人家跑腿，被趕著走，什麼事情都要做。

而且做不好，還要挨主人的打罵。睡著了，都在講夢話，又一夜呻吟不停，天亮醒了才停止。

尹氏有病了，夜裡很痛苦，夢話講到天亮。心裡討厭這個病態，就去拜訪一個朋友請教。這個朋友說：「你的地位，在社會上很高，夠光榮了。錢又那麼多，比一般人好多了。『痛苦』與『安逸幸福』，一正一反，這就是『循環往復』的道理，是果報自然的現象。《易經》的哲學，萬事有一定的規律，規律之中，自然有它的數字，物極必反。你想白天幸福，夜裡做夢也幸福，那太難了。」

尹氏聽了朋友的勸告，就改變了作風，對佣人比較寬厚了。工作大概減輕了些，自己的思慮就少了。因此，他說夢話痛苦的這個病，就稍稍好些了，並不是完全好。

勞心者白天忙忙碌碌，也不懂得調整自己的心態，因此晚上睡覺惡夢連連。白天痛苦，晚上更痛苦。雖然擁有社會地位與財富，是一般人羨慕的對象，可是卻像生活在地獄一樣，已經是嚴重失調，也就是已經產生心病了。此時的「夢境」，就是要來告知當事人意識所犯的錯誤。換句話說，千萬別錯過了無意識透過「夢境」，對我們所作的警告，而浪費了這種難得的改過機會。

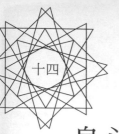

身心靈整合釋夢：靈性的夢境

第三種夢，是所謂的「預知夢」（精神感應夢）：

以廣義來看，刺激所導致的夢與內心所製造出來的夢，都是做夢者內心所製造出來的，但是預知夢就不是。不管從時間或空間上的分析，這是來自跟做夢者毫無因果關係的情報。

嚴格講起來，這種預知夢，是一種可以看見未來的夢，所以才稱精神感應夢。

精神感應夢，乃是未來將要發生的事情，原原本本的出現在夢中。這意味著，將來會發生跟「夢境」一樣的事情。

以自己死亡的夢來說：

（一）從內心所製造出來的夢來解釋為──

自己的內心有巨大的變化，以致獲得重生，為吉夢。

（二）但是，若就精神感應的夢來解釋──

它就是死亡的預告，因此要特別的注意。

不過，這種「夢境」極少出現。

而預知夢跟其他兩種夢也稍有不同，它往往給予人，非常強烈的印象，且「夢境」異常鮮明、逼真。正因為如此，醒過來後，內心常會起伏不已。

　　此外，預知夢的另一個特徵是，夢的內容不複雜，主題很鮮明，不像其他兩種夢，場面不斷的變化，還偶爾插入荒唐無稽的場面。做預知夢時，由於「夢境」恐怖又鮮明，做夢者往往會立刻驚醒，或甚至喊叫起來！做這種「夢境」的人，必須多多注意才是！

　　　　　　　　　　——《學會精準解夢的第一本書》

　　榮格對「夢境」所代表的意義，比較少見的另一個表達，就是「告誡」（預知之夢）。告誡並非指出目前的問題，而是顯現未來將會發生的問題，也就是所謂的預知之夢或托夢等等。通常可分為兩種：

　　（一）暗示做夢者本人的未來。

　　（二）暗示整個社會的未來（做夢者的集體無意識發揮強力驅動作用的緣故）。

　　能夠看見具有告誡意義的預知之夢，畢竟屬於極少數。如果每個人都這麼容易看見未來的話，人生就不會有任何波折了。

　　所以千萬不可誤將「夢境」所代表的補償意義（提醒自己所犯的錯誤或不完整之處），解釋成只對自己有好處的告誡意義（對

自己的提示），而怠忽了該有的努力，最後造成無法挽回的失敗結果。

事實上，預知之夢未來會不會發生，人們還是擁有自主權操控。要是能預先知道災難，人們可以透過改變來重新創造；社會集體的災難，需要透過集體的力量來改變而避開災難。

「我創造自己的實相」，不是一句口號而已，它道出了「人之所以為人」的可貴和價值所在。人們擁有創造力，但你必須瞭解，是哪個我（意識的我，或無意識的我）在創造，就知道從哪個我改變。

透過「夢境」來學習，整合身心靈，最主要的目的，就是要與內在的神性產生連結，使內在的神性突破無意識之情結、陰影的阻礙，現形於「夢境」中。就如同榮格所說的，開展出曼陀羅，佛教稱做蓮花開了，賽斯心法所謂的價值完成等等。它是關於自我意識和無意識的整合，完成一個完整內心世界時的表徵，也可稱作開悟。

開悟之心病治療意義，如同賽斯所講的價值完成（內我神性的展現）。價值完成後，心的病根已經被剷除，也就是所謂心病真正的痊癒。

例如，我們常看到廟裡擺放的善書寫說，癌末的病人夢見觀世音菩薩把患病的內臟拿出來，清洗之後再放回去。第二天醒來，患者認為得到菩薩的醫治，病已經好了，是奇蹟嗎？你認為呢？相信

醫師一定會把患者找來，重新掃描一次，看看腫瘤是否真的消失，結果呢？腫瘤還在，那你該如何做解釋？

　　相信大多數的病人都會問醫師一個相同的問題：我的病會斷根嗎？可是大部分的醫師都沒有肯定的回答。因為不知道，真正的病根在哪裡，怎麼談斷根。

　　因為有靈性面的認知，我們可以從兩個方面，來探討這個問題：

1. **第一個面向：**患者的壽命未盡，以價值完成的角度來看，夢見菩薩來相救，身心最深的病根，已被剷除，所謂「根死則莖葉枯」，身體的腫瘤，會慢慢萎縮不見，只是時間早晚的問題。

2. **第二個面向：**患者的壽命將盡，以價值完成的角度來看，也是吉夢。因為，你今生來人間的任務已經完成了，而且已經開悟了。以有限的肉體生命換取無限的解脫，如孔子所説「朝聞道，夕死可矣」的感嘆！也是值得慶興的。因為已經知道該往何處去，而沒有恐懼死亡之陰影。

　　以人間親情的角度來看，第二個面向（壽命將盡）還是相當不捨。但賽斯又告訴我們，「我創造自己的實相」，我還是有能力選擇離開或不離開的力量，因為命運就掌握在自己的手中。只要你的內我改變，原來的人生計畫就改變，生命自然會找到出路轉彎。可是，這可不簡單，難得萬中選一，知此妙用。因此，心靈成長是生

生世世重要的課題，不能不重現。

以下用榮格「因病入道」（因身心病痛、人生困境……等）結合「預知夢」的分析角度，來看記錄歷來往生賢哲事蹟的著作《淨土聖賢錄易解》節錄之個案，我分二階段來察看案例中「心靈成長」的過程：

第一階段：「悟道過程」

就是發現神性的過程，也就是榮格所稱尋找「魔法石」的過程，過程中充滿奮鬥辛勞的挑戰，最後成就「意識與無意識合而為一，完成一個完整內心世界時的表徵」。

第二階段：「證道過程」

就是與神合一的過程，也就是「個體化」的過程。原來，悟道後人生不一定一帆風順，還是充滿苦難、困難重重。因此，證道的過程中必須清楚理解，內心世界裡的種種心理要素（情結、陰影、各種原型、自我偏差……），經過努力，最後成就「自我與本我互相認同並融合為一」之境界。

這樣的二階段成長可簡單如下表示：

1. **悟道過程**：意識與無意識整合（發現神性，尋找魔法石）
2. **證道過程**：自我與本我整合（與神性合一，個體化）

蘊齊（宋）

蘊齊，字清辯，俗姓周，浙江錢塘人，年幼時即考試經典而得剃度出家，從法明會賢法師之處，傳授天台教觀。曾經得到傳染病，百藥不治，因此專心課誦觀世音菩薩聖號。夢見一位女人，以鑿子剖開他的胸膛，更換他的心，並以手按摩之，所患的疾病即立刻痊癒。自此以後，從前所看過的經典，無不通達明了，隨手下筆就成文章，文詞語句也都非常古典高雅。

蘊齊多次擔任蘇州、杭州諸寺院的方丈，晚年歸隱於江蘇常熟的上方寺。南宋高宗，建炎四年（西元一一三〇年）正月，集合大眾諷誦《阿彌陀經》，稱念佛號而往生。火化後，獲得許多舍利子，建紀念塔於上方寺。（佛祖統紀）

【說明】從靈性面做個案分析：

1. **悟道過程**：自幼努力學習佛法，考試通過得以剃度出家。曾經得傳染病，百藥不治，因此專心課誦觀世音菩薩聖號。夢見觀世音菩薩，以鑿子剖開他的胸膛，更換他的心，所患的疾病即立刻康復。此乃預示「壽命未盡」病得痊癒，而且開悟，一舉兩得，正是「因病得福」之證明。意識與無意識整合之徵已現。

2. **證道過程**：夢見觀音治病後，信心大增，靈性獲得成長，所看經典，領悟力進步神速，無不通達明了，一生努力學佛。

晚年，預知時至，稱念佛號而往生，火化後，獲得許多舍利子，此乃是修行有成之鐵證，自我與本我整合之徵已現。

真清（明）

真清，字象先，俗姓羅，長沙（湖南）湘潭人，年少時記憶力特強，勝過一般人。年十五歲，中秀才。十九歲，家裡遇到災難，因此前往南嶽衡山伏虎巖，依止寶珠和尚，剃髮出家、受具足戒。曾經參究無字話頭，有一天因為所乘之船撞到岸邊，而有所領悟。寶珠和尚往生後，真清就居住在覺皇寺。他曾經罹患背痛的疾病，有一夜夢到關公（伽藍護法）給他醫藥，不久之後病就痊癒了。後來，向南遊行到天台山，於是在當地結茅屋居住。接著，又遷往華頂的天柱峰，修習大小彌陀懺六年，空閒的時間則開示天台宗的十乘觀法、闡明一心三觀的宗旨，前來歸附學習的人日漸增多。又應王太初居士的邀請，前往昔日永明禪師的道場，講解《觀無量壽佛經疏妙宗鈔》一百日。

真清平日勤於修習五種懺悔，私下持誦《觀無量壽佛經》，以及《梵綱經》〈心地品〉。有一夜，夢見七寶的宮殿美妙綺麗，諸寶行樹交錯成行，並見到阿彌陀佛、觀世音、大勢至二大菩薩，正當真清在展身禮拜之時，旁邊有沙彌拿給他一面牌子，其中寫著：「戒香薰修」，自知是中品往生的瑞相。明神宗，萬曆三十一年（西元一六〇三年）正月，獲病。把他所儲蓄的財物，全部交給五

台、雲棲、西興等寺院，供養僧眾。當時，有人送藥石（過午之後的食物）給他，真清拒絕地說：「我往生淨土的因緣已經成熟了，祥瑞的聖境也已暗中顯現了，不久之後就要辭別這個娑婆世界，我要藥石做什麼呢？」

正月七日，絕食，只飲檀香水，預期於二十九日往生，又與大眾講說一切法無生的道理，教誨開示甚為懇切。到了二十九日夜裡，起身告別大眾說：「吾逝矣！」眾人請問：「不知和尚往生淨土，居於九品之中的哪一品位？」真清回答說：「中品中生也。」大眾說：「為什麼不是上品上生呢？」答說：「我因持戒的戒香所薰，位階只在中品。」說完後，安然地往生。過五日後，相貌顏色，仍然紅潤，如同在生之時。火化之日，到處充滿濃郁的香氣，骨頭堅硬鏗鏘有聲，時年五十七歲。（明高僧傳）

【說明】從靈性面做個案分析：

1. **悟道過程**：自幼聰明，十五歲中秀才。十九歲，家遇災難，後來剃髮出家。有一天，所乘之船撞到岸邊，若有所悟。曾經背痛的疾病，夢見關公給他醫藥，此乃預示病將痊癒，不久之後病就自癒，信心大增，努力修行，又一個「因病入道」，自悟悟他的明證。意識與無意識整合之徵已現。

2. **證道過程**：平日勤於修行，教學相長。後來生病，把所儲蓄的財物全部分送，供養僧眾。有一夜，夢見七寶宮殿、諸寶

行樹，及西方三聖，此乃預知時至，壽命將盡之徵，所現之瑞相。不久，安然地往生，火化之日，到處充滿濃郁的香氣，印證「戒香薰修」中品往生之瑞相。自我與本我整合之徵已現。

左伸（宋）

「左伸」，天台（浙江）臨海人。依從神照法師，受菩薩戒。後來，聽聞大乘的法要，而豁然開悟。從此以後，嚴謹地奉持戒律，並恭造西方三聖之像，早晚虔誠地禮拜供養，發願求生淨土。「左伸」一生持誦《法華經》共三千四百部、《金剛經》二萬卷。宋哲宗，紹聖二年（西元一○九五年）秋天，生病，請他出家的兒子「淨圓」，唱誦《法華經》的經題。不久，「左伸」「夢見」三位莊嚴雄偉的人，站立在江邊的高地上，召喚「左伸」上船，然後突然快速地往西而行。「左伸」於是知道，在過一段時間，就可往生西方淨土，因而請僧眾誦持《阿彌陀經》。不久突然說：「我已見到佛光。」隨及沐浴更衣，並告誡其家人不要哭泣，也不要靠近我的面前。然後端坐，結手印而往生。（法華持驗記。佛祖統紀）

【說明】從靈性面做個案分析：

1. **悟道過程：**努力學習佛法，聽聞大乘的法要，而豁然開悟，早晚虔誠禮拜西方三聖之像，發願求生淨土，此乃預示「願

力是內我的大夢，只要願力從心的深處發出，就等同開悟之徵」。意識與無意識整合之徵已現。

2.**證道過程：**紹聖二年秋天生病，夢見三位神人召喚上船，然後突然快速地往西而行，此乃預示「過一段時間就可往生西方淨土」。努力誦詩《阿彌陀經》，不久突然說：「我已見到佛光。」然後端坐而往生。

夢見神人，預知「壽命將盡」，肉體雖不能痊癒，但靈性的覺知獲得無限的安定與解脫，沒有恐懼死亡之陰影威脅，也是值得慶興的明證。自我與本我整合之徵已現。

楊嘉禕（明）

「楊嘉禕」，字邦華，吉安（江西）泰知縣人，明神宗，萬曆年間（西元一五七三～一六一九年）中秀才。年少時，好學不倦，博覽群書。後來，專心鑽研佛教經典。年十三歲，持不殺戒，連跳蚤蝨子等小動物也不敢傷害。到了二十多歲時，進入南京最高學府「國子監」。不久，疾病發作，「夢中」神遊地獄，見到「地藏王菩薩」於「冥陽殿」。夢醒後即從事放生之業，且延請僧眾誦經，唱念佛號。不久之後，告訴眾人說：「我將往生了！青色蓮華出現在我面前，難道這不是往生的瑞相嗎？」於是，晝夜唱念佛號，不曾間斷。

命令侍者熄滅蠟燭，說道：「我常在光中，不需要蠟燭。」

侍者問：「見到什麼呢？」「楊嘉禕」答曰：「蓮花綻開而有四種顏色。」再問：「是否見到『阿彌陀佛』？」答：「見到『阿彌陀佛』千丈身。」又問：「『觀世音菩薩』呢？」答：「身與『阿彌陀佛』相同，唯獨不見『大勢至菩薩』！」說完後，忽然跳起來拈香說：「《阿彌陀經》的功德，不可說！不可說！我已得上品往生了！」說完之後，寂然而逝。（往生集）

【說明】從靈性面做個案分析：

1. **悟道過程**：年少時，好學不倦，專心鑽研群書。年十三歲，持不殺戒，連小動物也不敢傷害。二十多歲時，疾病發作，夢中神遊地獄，見地藏王菩薩。夢醒後，自己預知壽命將盡，即從事放生之業，唱念佛號，發願往生西方，此乃預示內我願力一發，極樂世界之門立刻開啟迎接你。意識與無意識整合之徵已現。

2. **證道過程**：病中仍努力修行，不久之後，告訴眾人：「我將往生了！青色蓮花出現在我面前，難道這不是往生的瑞相嗎？」於是，晝夜唱念佛號，不曾間斷。說道：「我常在光中，不需要蠟燭。」又說：「見到阿彌陀佛，千丈身。」然後又見到觀世音菩薩，此等種種端相，自知時至，往生淨土之徵現前，說完之後，寂然而逝，雖然有疾，沒有痛苦，年紀雖輕，仍得上品往生，他說歸功於《阿彌陀經》的功德無

量，可喜可賀。自我與本我整合之徵已現。

羅允枚（清）

「羅允枚」，太倉（江蘇）人。有一天夜裡，他的父親「夢見」一位僧人要求寄居，第二天早上，「羅允枚」就出生了。到四、五歲時，還能回憶前生之事，有一天繞著柱子走，突然頭暈跌倒在地上，從此以後喪失所記憶的前生之事。年紀稍長，因為多病而放棄科舉考試。後來去參訪「檗嚴」老人，了達徹悟向上頓悟的心法，最後又回心歸向於淨土法門。清聖祖，康熙四十年（西元一七〇一年）秋天，得病而且危急，忽然聽到空中有聲音說：「『勝蓮』居士，還有十二年的壽命。」不久，病很快就痊癒了，因此，自號為「勝蓮」。當時，州裡的人很少知道要修習「淨土法門」，「羅允枚」首先提倡建立「念佛社」有三、四處，當地的「淨土宗」道風因此而大振。清聖祖，康熙五十二年（西元一七一三年）秋天，病又復發，家人為他擔憂，但「羅允枚」卻一點也不在意。

某一天夜裡，「羅允枚」「夢見」天神告訴他說：「因為你勸人修習『淨土法門』，其功德很大，現在再延長你的壽命吧！」，「羅允枚」生性慈悲善良，凡是放生、育嬰以及賑饑等諸善事，都很樂意去促成。年七十一歲，那年的六月二日，「羅允枚」到處去辭別親友說：「我將於初六辭世。」到了那一天，自己沐浴然後正

身端坐，說偈頌曰：「七十一年，拖著皮袋。今日撇下，何等自在。」說完偈頌後，便寂靜不動。不久，其家人哭泣呼喚不已，「羅允枚」突然睜開眼睛說：「連累我還要再晚七天往生。」十四日早晨起來說：「今日我一定要走了！盡速請『乾行』長老及道友某某，來助我念佛。」大眾到齊後，唱念佛名，到了辰刻（早上七～九時）忽然坐直起來說：「觀世音菩薩來了！」於是合掌向著西方，稱念佛號而往生。（周安士文稿）

【說明】從靈性面做個案分析：

1. **悟道過程：**父親夢見僧人來寄居，隔天羅允枚就出生了。四、五歲還能回憶前生之事。年紀稍長，因多病而放棄科舉考試，努力學佛，康熙四十年，得病而且危急，忽然聽到空中有聲音說：「勝蓮居士，還有十二年的壽命。」此乃預示壽命未盡之徵，果然不久，病很快就痊癒了，並得到延壽，病後更努力修行。意識與無意識整合之徵已現。

2. **證道過程：**病後，努力推廣「淨土法門」，康熙五十二年，延壽十二年時間已到，病又發作，家人擔憂，但他卻一點也不在意。某天夜裡，夢見天神告訴他說：「因為你勸人修習淨土法門，其功德很大，現在再延長你的壽命吧！」此乃預示壽命未盡之徵又現，且又獲得延壽。醒後努力行善。年至七十一歲，那年的六月二日，辭別親友說：「我將於初六辭

世。」此乃自己預知時至，往生之日觀世音菩薩前來接引，稱念佛號而往生西方，心想事成之瑞相現前。自我與本我整合之徵已現。

李彥通（宋）

「李彥通」，會稽（浙江）人，從事打鐵的工作。後來，偶然參加縣城中的念佛會，頓時悟到身世無常，而歸心極樂淨土。有一天，突然生病，說道：「我『夢到』遊歷極樂淨土，看見兩扇門的門閂深鎖，正好遇到『宗利』法師開門引入，因而見到樓閣中的『阿彌陀佛』與二大菩薩，我即將往西方去了！」於是請「睎經」、「道果」二位僧人，到臥榻前策勵激發他堅持淨土法門。並且命令全家一起誦念佛號，後來面向西方端坐而往生。（佛祖統紀）

【說明】從靈性面做個案分析：

1. **悟道過程：** 從事打鐵的工作。後來，參加城中的念佛會，透過學習而領悟到身世無常，而歸心極樂淨土，內心的強烈渴望，敲開了神性的大門，所謂「精誠所至，金石為開」。意識與無意識整合之徵已現。

2. **證道過程：** 有一天，突然生病，說道：「我夢到遊歷極樂淨土，……因而見到樓閣中的阿彌陀佛與二大菩薩，我即將往

西方去了！」此乃預示壽命將盡，往生之瑞相現前，請僧人助念，強化正念，策勵激發他堅持往生淨土，命令全家一起誦念佛號，後來面向西方而往生。此個案，給人的啟發：信心最重要，自然得到無形貴人的幫助，不在於學問高低或修行時間長短。他美夢成真，心想事成就是明證。自我與本我整合之徵已現。

王氏（宋）

「王氏」，明州（浙江寧波市）人，每日持誦《金剛經》。「王氏」懷孕二十八個月仍未生產，身體日漸瘦弱。有一天，靠著門而站著休息，忽然一位奇異的僧人經過，對她說：「妳有善根，何不印行布施《金剛經》千部呢？」「王氏」於是依照他的指示去做。後來又齋僧千人，並且持誦《金剛經》千部。有一天的深夜，「夢見」「金剛神」以杵指著她的腹部。醒來之後，已生下兩個男孩在床上了。「王氏」因此持齋誦經從不間斷。

年六十一歲時，突然暴斃，有二位使者為她引見「冥王」，「王氏」自己說，她從小就持誦《金剛經》。「冥王」於是賜給她金色的床座，命令她坐在宮殿的側邊，朗誦《金剛經》一遍。「冥王」問她：「妳為何不唸咒呢？」「王氏」答：「世間沒有此咒的版本。」「冥王」於是敕令鬼吏於藏經中取出咒本給她，並囑咐說：「妳到陽間，將此咒本輾轉流通，切勿遺失。妳以後壽終，直

接往生極樂世界，不必再來此處了。」「王氏」於是甦醒過來。後來到了九十一歲時，毫無疾苦而坐化往生。其補闕真言曰：「唵！呼嚧呼嚧，社曳穆契莎詞。」此事發生於南宋高宗，紹興九年（西元一一三九年）。（金剛證果）

【說明】從靈性面做個案分析：

1.**悟道過程**：每日持誦《金剛經》。王氏懷孕二十八個月仍未生產，身體日漸瘦弱。一日，一位奇異僧人經過，對她說：「妳有善根，何不印行布施《金剛經》千部呢？」王氏依照指示去做。有一天深夜，夢見金剛神以杵指著她的腹部。此乃顯示進入深層無意識，得到神明幫助之夢。醒來之後，已生下兩個男孩在床上了。從此她的人生改變了，持齋誦經從不間斷。意識與無意識整合之徵已現。

2.**證道過程**：王氏因此持齋誦經從不間斷。年六十一歲時，突然暴斃，入地獄見冥王，得到不同的《金剛經》版本。冥王並交待：「妳以後壽終，直接往生極樂，不必再來此處了。」此乃預示壽命未盡且獲得延壽。後來到了九十一歲時，毫無疾苦而坐化往生。這樣「壽終正寢，往生極樂」，是世人夢寐以求的福報，真是可喜可賀。自我與本我整合之徵已現。

吳氏（清）

　　「吳氏」，蘇州元和人，嫁給張姓人家。中年時開始信奉佛法，歸依「畫禪寺」的「道林」和尚，並且吃素戒殺，專心修習「淨土法門」。後來，因為「夢中」見到「觀音大士」，教她跪著念佛，於是每次念佛時一定跪著，等到香燒盡才起來，不曾稍有懈怠。晚年，有些微的疾病，命令兒子「張眉山」，延請僧眾數人來念佛。到了第三天，告訴大眾說：「我看見空中有二位和尚向我招手。」僧曰：「此是『觀音』、『勢至』二大菩薩也，正好一心跟著前往西方淨土。」話未說完，「吳氏」已經吉祥往生了。「張眉山」也因母親的教誨，而持長齋信奉佛法。（染香集）

　　【說明】從靈性面做個案分析：

1. **悟道過程**：中年開始信奉佛法，專心修習淨土法門。後來，夢中見到觀音大士教她跪著念佛。此乃顯示內在神性展現，指導修行。修行信心大增，於是每次念佛時一定跪著，不曾稍有懈怠。意識與無意識已得到整合。

2. **證道過程**：晚年，有些微的疾病，努力加強念佛。到了第三天，告訴大眾說：看見觀音和勢至二大菩薩向我招手。此乃預知時至，壽命將盡之徵現前。話未說完，吳氏已經吉祥往生，真是難得之瑞相。好死是一種福報，能更進一步往生極樂世界，才不虛度此生。自我與本我已得到整合。

林節母（清）

「林節母」（對守節婦女的尊稱），本姓顏，號惠芳，廣東潮陽，「林之琦」的妻子。「林之琦」的家境貧窮，勤苦力學，卻不得志，因此鬱悶不樂引起疾病而死亡。「林節母」此時正好懷孕，過了一個月生下一個兒子，名為「林道遜」。「林節母」生性賢淑，其娘家富貴昌盛，送給她很豐裕的資財，所以生活能夠得到安頓。「林節母」對待公婆極為孝順，妯娌之間也很和睦，堅守節操撫養孤子。

家族世代都是供奉「觀世音菩薩」，而「林節母」更是虔誠禮敬。後來，因手碰觸到芒刺，痛不可忍，各種的醫療都無效果。有一天晚上，忽然「夢到」菩薩為她撫摩，給她一顆豆子，吃起來覺得很甘美，睡醒之後，疾病就頓時痊癒了。從此之後吃素念佛，每日都有固定的功課，如是修行達十五年之久。

後來臨命終時，還以要世世代代虔誠地奉持佛法，來囑咐她的兒子媳婦。往生的前一個月，交待婦女按照佛制的樣式裁製衣裙。臨終的時間一到，自己念佛坐化往生，世壽六十五歲。往生後，她的兒子「夢見」母親跟隨穿著青色衣服的人航海，到達一個地方，其間宮殿堂宇輝煌燦爛。其中有人說：「你母親優婆夷，已經往生西方極樂世界。」時在清仁宗，嘉慶末年至宣宗，道光初年之間（西元一八二○～一八二一年）。（近代往生傳）

【說明】從靈性面做個案分析：

1.**悟道過程**：丈夫家境貧窮，勤苦力學，卻不得志，因此鬱悶而終。林節母此時正好懷孕，生下一個兒子，獨自撫養，對待公婆極為孝順，姒娌之間也很和睦，虔誠禮敬供奉觀世音菩薩。後來，因手碰觸到芒刺，痛不可忍，各種的醫療都無效果。有一天晚上，夢見菩薩為她撫摩，給她一顆豆子，吃起來很甘美。此乃顯示內在神性啟動幫助之夢，睡醒之後，疾病就頓時痊癒了。證明當人面臨無路可走之困境時，相信神，神是會幫助自助者。意識與無意識得到整合。

2.**證道過程**：從此之後，吃素念佛，每日有固定的功課，如是修行達十五年之久。後來臨命終時，交待兒子媳婦，世世代代虔誠地奉持佛法。時間一到，自己念佛坐化往生。往生後，她的兒子夢見有人說：「你母親優婆夷，已經往生到西方極樂世界。」此乃告之母親已至淨土，美夢成真。透過夢境，順便教育兒孫努力修行，往生極樂，才是生命終極的目標。自我與本我已得到整合。

吳毓祥（民國）

「吳毓祥」居士，法名寬祥，江蘇泰興人。世代行醫，生性忠厚慈祥，是中醫師「吳海峯」居士之父。其祖先曾經獨自整修寺廟，深信佛教，歷代相承。年五十六歲，忽然患重病，群醫束手無

策，於是虔誠誦念「觀世音菩薩」聖號不斷。有一天，「夢見」大士灑以楊枝淨水，因而病即痊癒。七十歲時，隨政府來臺灣。七十三歲，忽然行動遲緩，類似中風。經由「李濟華」居士介紹，與妻子一同皈依金山「江天寺」的「太滄」和尚，並參加臺北市蓮友念佛團，從此更加虔誠念佛。

民國四十五年（西元一九五六年）除夕，忽然告訴家人說：「我明年回家去，不再需要你們看護服侍了。」隔年正月初五日，又說：「還有十日，決定回家。」到了十五日早晨，痰湧氣急，口中還微微聽到其念佛聲。兒子長跪助念，於無痛苦狀態中，安祥而往生。往生時面貌如生，忽然聞到異香，往生兩小時後，足冷心熱。等到移至「極樂殯儀館」等待入殮時，兒子及蓮友猛利念佛，助其往生。忽然看見，其頭頂放射出黃光，蓮華圍繞，金色光明的化佛，授手作接引的樣子，此時為正月十七日下午三點，年七十九歲。（李濟華居士遺集四二頁）

評曰：「雖預知時至，捨報安祥，異香充滿室中，但足冷心熱，將生『人道』。兩日後，因大眾念佛猛利，才見到化佛接引，此事足以證明『命終前後』助念之重要也。」

【說明】從靈性面做個案分析：

1. **悟道過程：**世代行醫，深信佛教。年五十六歲，忽然患重病，群醫束手無策，於是虔誠誦念觀世音菩薩聖號不斷。有

一天，夢見大士灑以楊枝淨水，此乃預示壽命未盡，因而病即痊癒，生命獲得改造，此後增加修行信心。意識與無意識合一。

2.**證道過程**：七十三歲，忽然行動遲緩，類似中風，從此更加虔誠念佛。民國四十五年除夕，忽然告訴家人說：「我明年回家去，不再需要你們看護服侍了。」此乃預知時至，壽命將盡之徵現前，最後於無痛苦中，安祥而往生。在眾人猛力念佛，助其往生，忽然看見，其頭頂放射出黃光，蓮華圍繞，金色光明的化佛，授手作接引的樣子，種種瑞相顯示往生極樂世界。自我與本我合一。

劉培範（民國）

「劉培範」居士，山東沂水縣，「劉惠民」居士的女兒。生性柔順。最初患有頸部腫大症，接著患肺結核病，百醫無效。父親教她吃素念佛，如果病癒則非常好，病不能痊癒的話，也可以往生西方極樂世界。「劉培範」聽了之後，心中非常歡喜。父親隨即將《觀音靈感錄》及《阿彌陀經白話註解》，為她解說。於是，對「淨土法門」的信仰更加堅定，因此長時持念佛號而不間斷。民國二十一年（西元一九三二年）十一月二十九日，忽然說：「昨天晚上夢見『阿彌陀佛』，告訴我往生的時候到了。」即請母親為她沐浴更衣，並辭別祖母及父母，念佛菩薩聖號，安然而往生。時年

十六歲。（佛學半月刊第五十五期）

【説明】從靈性面做個案分析：

1. **悟道過程：** 最初患有頸部腫大症，接著患肺結核病百醫無效。父親教她吃齋念佛，如果壽命未盡，病癒則非常好；若壽命將盡，病不能癒的話，也可以往生西方極樂世界。她聽了以後，心中非常歡喜。父親隨即將《觀音靈感錄》、《阿彌陀經白話註解》為她解説。於是，對淨土法門的信仰更加堅定，因此長時持念佛號而不間斷，心中找到了歸依，內在神性自然開啟。意識與無意識合一。

2. **證道過程：** 因為長時持念佛號不間斷，有一天，忽然説：「昨天晚上夢見阿彌陀佛，告訴我往生的時候到了。」此乃預知時至，壽命將盡之徵現前，念佛菩薩聖號，安然而往生。時年十六歲，年紀雖輕，只要方法正確，乃能掌握與內在神性合一之竅門，子曰：「朝聞道，夕死可矣！」由此可以明證。所以，對臨終病人的照顧，身心靈整合的工作是為重點，但靈性的覺知才是關鍵。自我與本我合一。

余念西（民國）

「余念西」居士，出生於駝岫名門，嫁給鳳山（浙江寧海縣南）的望族。對上侍奉兩代公婆，畢恭畢敬，對下教導五房兒媳，

惟儉惟勤。平日樂善好施，戒殺放生。丈夫「查度西」居士，加入江灣（上海市西北）「佛光社」，研究佛學，不久「余念西」也入社念佛，求生西方。每日五更（早上三～五時）即起來，以誦經念佛為平常功課，十餘年如一日。「鳳山」的社友，每逢初一、十五日集會念佛，「余念西」雖然年紀超過七十歲了，必定扶杖參加。

民國二十一年（西元一九三二年）夏天，患寒熱疾病，有時病癒、有時發作，隔年春天病況更加嚴重，但平日念佛更為精勤。每天晚上，有時「夢見」菩薩散眾妙花於身，有時「夢見」七寶池中蓮花茂盛，有時「夢見」西方三聖在雲端接引。三月初五日早晨，見到佛身高大金容放光。社友連日在房中助念，玻璃燈內，燈花結蓮蕊頗大。到了初六日午時，如入禪定，安祥含笑而往生。（佛學半月刊第八十三期）

【說明】從靈性面做個案分析：

1. **悟道過程：**她跟隨丈夫加入「佛光社」。每日早起，以誦經念佛為平常功課，十餘年如一日。每逢初一、十五日集會念佛，雖然年紀超過七十歲了，必定扶杖參加。民國二十一年，患寒熱疾病，有時病癒，有時發作，隔年春病況更加嚴重，但平日念佛更為精勤。每天晚上，有時夢見菩薩散眾妙花於身；有時夢見七寶池中蓮花茂盛；有時夢見西方三聖在雲端接引。多次夢見瑞相，此乃預示時至，壽命將盡之徵現

前。意識與無意識合一。

2.**證道過程：**三月初五日早晨，見到佛身高大金容放光。社友不斷助念，見玻璃燈內，燈花結蓮蕊頗大之瑞相。初六日午時，如入禪定，安祥含笑而往生。一生努力念佛，雖然年老病痛纏身，仍不退轉，最後臨終時蒙佛接引，所現瑞相證明美夢成真，心想事成。自我與本我合一。

圓滿

西元2011年12月31日，又是新的一年（龍年）即將到來。

夜裡，我作了三個「夢的組曲」，把這三個夢連結起來相當有意義，「夢境」的變化完全反應我「心境」的「轉化」。先出場的「夢境」是「旅館的鬼魂」，然後接到「遊樂場的拒馬」，最後以「市場的魔術師」收尾。

以下就逐一來介紹：

【旅館的鬼魂】

「場景」回到國共戰爭，地點是一處曾被轟炸過而重新改建的旅館。我和朋友相邀出遊，而住進此旅館。因為太累了，我獨自一個人躺在旅館房間休息，朋友都出去逛夜市。在即將入睡，朦朧之際，浴室跑出一位正在遊戲的小鬼。我嚇了一跳，想逃離現場，可是雙腿卻不聽使喚。隨後又見到，有位女鬼也出現了。這時，在「夢中」的我，念頭一轉，有什麼好怕！我要看看你們長什麼樣子，

我抓住小鬼，把頭轉過來，仔細一看，長得還可以。然後也把女鬼的頭轉過來，嚇了一跳，是「聶小倩」，和「王祖賢」劇中的臉蛋一樣，我的恐懼瞬間消失。旅館的老闆說道：這對母子是以前還未改建前舊旅館，被飛機轟炸死的。我慶幸，在「夢中」能克服對「鬼」的負面恐懼，這「懼怕」是相當深層的「陰影」，我超越了。

【遊樂場的拒馬】

「場景」是一處非常現代化的遊樂場，有各種鮮豔色彩的遊樂設施，相當吸引人。說來奇怪，遊樂場竟然被拒馬圍起來，拒馬上面布滿很長的「鐵釘」。有一堆人，推著拒馬要把它捲起來，我也加入這行列。這時，我的左手肘被「長鐵釘」刺入，嚇了我一跳，但感覺卻「不痛」，此時我說聲「還好」，可是自己不敢把它拔出來。別人幫忙拔出「鐵釘」，我自己眼睛不敢看這一幕，所以視線移開。拔出時，我叫了一聲「啊！不痛」。

醒後回想這一段，「夢中」的我是沒有「肉體」的，為什麼還有「身體」對「痛」的恐懼呢？原來，「病根」不在「身體」，而在「心裡」。

這段故事使我「領悟」到，「人」會生病是有「雙重病根」，一是「身體的病根」，另一個是「心裡的病根」。「夢中」的我，感受「身體的痛」，是一種假象；真正的痛，是「心在痛」，是一種「心病」。因此，讓我聯想到「自殺」不是一種解脫，因為「心病」還在，只要「心病」未解開，就會「化現」在不同的世界裡一直受苦（如同地獄）。因此，「地獄」是你自己創造出來的，也只有你自己才有辦法離開它。

【市場的魔術師】

「場景」是在一個非常熱鬧的古代傳統市集，市場裡，人非常多，大家正圍著圈圈，看一位留著大鬍子的「魔術師」在表演，我也在觀看人群之中。「魔術師」給了我和旁邊的一位人士各一個杯子，裡面裝著黑色的「砂粒」，我在眾人面前把杯子舉高，讓大家都看到，然後「魔術師」拿起一塊黑布蓋過杯子，瞬間移開布巾。神奇事情發生了，杯子裡的「沙粒」，變成一杯「紅色的果汁」，我喝了一口，認定是真的果汁。

回想這一段有意思的故事，讓我聯想到，「魔術師」代表「魔法」的使用者，可以在眾人面前變化出「不可思議」的事物。只要他的「手」一揮，神奇的事物就被創造出來。好好思考人生，你自己就是「魔法師」。你變幻出各種角色，是「觀眾」，也是「導演」，你一個人可分飾多個角色。這齣人生大戲要如何演，就由握「魔法棒」的你來指揮，因為「命運就掌握在你自己的手中」。

　　正如，我所尊敬的一位身心科醫師許添盛，在世界各地，極力推廣新時代「賽斯思想」，有一句口號：

「我創造自己的實相。」

參考資料

1. 榮格自傳：回憶・夢・省思／C.G.榮格（C.G. Jung）作；劉國彬，楊德友譯・初版・台北市：張老師，1997（民86）。

2. 漫畫榮格：心靈體驗和深層心理學／阪本未明編繪；簡美娟、廖舜茹譯・第一版・台北市：臺灣先智，2001（民90）。

3. 黃金之花的祕密：道教內丹引論／楊儒賓譯・第一版・台北市：商鼎文化，2002（民91）。

4. 天下第一奇書三字經大解密／了極著・初版・台北市：知青頻道出版；紅螞蟻圖書發行，2007.10。

5. 零極限——創造健康、平靜與財富的夏威夷療法／喬・維泰利（Joe Vitale）、伊賀列卡拉・修・藍（Ihaleakala Hew Len）合著；宋馨蓉譯；初版・台北市：方智，2009.04。

6. 抱朴子內篇今註今譯／陳飛龍註譯・初版・台北市：台灣商務，2000（民89）。

7. 傷科大成／清・趙濂原著・台北市：志遠書局出版，（民80）。

8. 醫宗金鑑卷六正骨心法／清・吳謙等著・台北市：立得出版社，（民79）。

9. 本草備要／清・汪昂原著・台北市：志遠書局，（民80）。

10. 保健食品與天然藥草諮詢手冊／黃鶴群編著・初版・台北

市：合記，2003（民92）。

11.神奇的一氧化氮／斐里德・穆拉德博士、陳振興博士合著・初版・台中市：晨星，2011.11。

12.不一樣的自然養生法／吳永志著・初版・台北市：原水文化出版，2008.03。

13.中醫釋夢／柴文舉、蔡濱新編著・初版・台北市：文光，（民97.09）。

14.淨土聖賢錄易解（一）～（六）／釋慧律講述・釋法宣整理・高雄市：高雄文殊講堂恭印，（民87.02）。

15.史上最強解夢書／蔣星五主編・初版・台北市：知青頻道出版；紅螞蟻圖書發行，2005（民94）。

16.內經解剖生理學／吳國定輯著：國立中國醫藥研究所出版，（民80）。

17.奇蹟／泰勒（Jill Bolte Taylor）；楊玉齡譯・初版・台北市：天下遠見，2009.02。

18.列子臆說／南懷瑾講述・臺灣初版・台北市：老古，（民99.08）。

19.學會精準解夢的第一本書／佛洛二德著・初版・台北市：宇河文化出版；紅螞蟻圖書發行，2003（民92）。

20.圖解榮格心理學／長尾剛著；蕭雲菁譯・初版・台北市：易博士文化，城邦出版社，2007.12。

21.太乙金華宗旨今譯／呂祖著；王魁溥編譯；賴賢宗精譯·
再版·台北市：丹道文化出版；紅螞蟻圖書發行，（民
95）。

專論

從《靈學與醫學》一書因緣
一路找尋「新世紀，新想法」的解夢新觀念

　　我常有逛書店的習慣，憑著「直覺」、「第六感」找尋自己想要看的書籍，或在回家的路上，腦中常突然浮現要買某本書的念頭。

　　2013年9月，在書店看到了《活靈活現》系列第七、第八本《靈學與醫學》後，即激發出想研讀的強烈渴望。其實幾年前我曾在書店看過這系列書籍，當時有一種預感；時機到了，我一定會好好研究。

　　讀完之後，我非常認同書中的說法，所以又從第一本《活靈活現》一路讀到第九本《人人都是通靈人》，給了我許多的領悟，感受到有股無形的力量在冥冥之中暗助。

　　因此，我把感動寫成一篇文章與讀者分享，以期擴大對「靈性夢境」的認知。

　　《靈學與醫學》這本書講的是身心靈整合的概念。醫學講的是身心問題，靈學講的是靈魂與神的問題。一個健康完整的人，應具備「身心靈」三方面的平衡，例如：當醫學上所面臨的無解難題，

有時在靈學上只是個簡單問題。書中對「靈體」的論述，給了我很多的啟發。

我分三點來介紹此書內容：

（一）書中的靈魂人物

（二）書中對「夢境」產生的論點

（三）書中的預示

從這三點來做淺顯的說明，就可梗概瞭解這系列書的價值所在。

（一）書中的靈魂人物

1.通靈人：黃老師

2.作者：向立綱先生

關於黃老師：號日戒，是書中的靈魂人物。本書中的所有立論與觀念，均是靈界神尊透過她的傳達、傳述而來。書中的例證，也是她問事的實例。她是位先天的高層次通靈人，由於特殊體質，發生在她身上的許多「神奇」事件，令人覺得「不可思議」。四歲起，就知道自己與人不同；六歲起，便能神遊靈界與地府。

在這個混亂因果世紀的開始，靈界就選定她來傳述二十一世紀的許多「新觀念」。

黃老師就像美國的珍‧羅伯茲（Jane Roberts）（二十世紀最重要的通靈人之一）。

羅伯茲從1963年開始，以靈媒通靈的方式，代替居於多次元實相中的靈性導師——「賽斯」，口述其教導，並由她的丈夫逐字記錄，也就是目前的「賽斯資料」，這些資料均保存在耶魯大學圖書館。「賽斯心法」探討的範圍涵蓋了心理學、超心理學、醫學、物理學等，都是具有原創性的預示作用。

　　所以我稱《活靈活現》系列為東方版的「賽斯心法」，它預示著二十一世紀人類面臨的困境及解決之道，一樣具有原創的價值。

　　關於作者：向立綱先生，生長在基督教書香教育家庭，父母均是長老會教徒。自1920年開始接受西方科學教育，自小就自命講求科學，也常痛斥旁人迷信。

　　從小就出類拔萃，成績優異，一路讀到政大外交碩士畢業，然後考取公職。服公職期間，也在大學兼任教職十五年。對自己自信、自負是充滿信心的人。

　　然而，他對生命的認知與對人生的價值，從認識黃老師後，被全盤否定。他赫然發現，「靈學知識」對他自命為高級知識份子的人，竟全然陌生，而且一無所知。

　　後來，因緣聚會，他決定投入更多的時間，去探索絕大多數人一無所知的領域。才有這本書的產生，期望更多的人了解靈與靈界。

（二）書中對「夢境」產生的論點

從書中的角度，首先來談談「認識自己」，所謂「完整的自己」，包括肉體（魂魄）、靈體、主神三方面。

從榮格的角度來看，肉體（魂魄）等同於「意識」；靈體等同於「個人無意識」；主神等同於「集體無意識」。

意識 ⟶ 潛意識（靈體）
（肉體）　　（個人無意識）
自我 ⟶ 本我（主神）
（肉體）　　（集體無意識）

所謂找到真正完整自己的人，是肉體、靈體、主神已得到整合，成為一體；就如同榮格所說的「個體化」的完成。此時，在「靈體與主神」的協助下，「肉體」就能達到「心想事成，美夢成真」之效果。

以下摘自第四部《人與神》中說到：感應是如何形成的；夢境是如何形成的。

「感應的形成是靈體的作用所造成的。例如，當無形界的鬼神或主神將某個訊息傳給靈體，靈體再將訊息傳達給自己的魂魄，魂魄再將訊息傳達給自己的肉體，這時候肉體便會突來靈感或第六感。

當靈體有訊息要告訴肉體時，靈體也會在肉體睡眠

的時候，製造影像或情境，讓肉體看到，這就是托夢或夢境。」

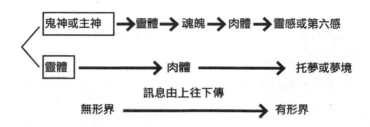

圖示説明：感應及夢境，是無形界透過靈體的作用，「單方向」把訊息傳達到肉體。

以下摘自第六部《靈‧靈性》中談到「靈體與肉體」之間，從單向傳達到雙向溝通：

　　「過去靈性隱性，由肉體主導，人為的後天努力，能夠影響人生……。

　　因此，人們心中所想、所求、所欲、所望，靈體即使知道了，也是處在消極或被動『配合』的態度，並無『溝通』可言。所以，過去肉體與靈體之間的關係，僅止於單向的傳達（溝通）。

　　一九九五年起，宇宙氣場逐漸從二十世紀轉入二十一世紀，靈體開始慢慢顯性，靈體開始要當家作主了，但是

肉體並不知道。靈體將自己的所思、所想傳達給肉體，這時候，也是單向的傳達，因為肉體並不瞭解，也無法全盤感受……。

總而言之，從過去到現在，肉體與靈體之間的關係，一直僅止於單向的傳達。

要化解這樣的困境，唯一的方法，就是肉體與靈體的互動與溝通。

肉體要讓靈體知道：我要的是什麼！

靈體也要讓肉體知道：我能給你什麼！

這就是新世紀，每個人的肉體與靈體之間，從單向傳

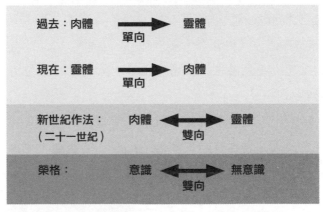

圖示說明：從過去到現在，肉體與靈體之間單向的傳達。但新世紀的做法是「肉體與靈體雙向溝通」。榮格早就提出意識與無意識整合的問題。

達（溝通）到雙向溝通的意義。」

以下是從第四部《人與神》書中摘錄，談到如何實現「心想事成」：

「心想事成是完美人生的最高境界。

為什麼能夠心想事成呢？簡單的說，肉體（魂魄）會將心中所想向靈體求助，靈體再向主神求助。得到主神協助之後，肉體的所求所想，便得到實現，這就是心想事成。」

圖示說明：肉體向主神求助，主神向肉體回應協助，雙方的溝通沒有障礙，就能「心想事成」。

但關鍵點在於「靈體」所扮演的角色，你瞭解多少？

何謂「靈體」？

「靈體」就是通稱的「潛意識」；佛家講的「第七識」或榮格所說的「個人無意識」，書中說道：靈體依「靈格」分為：先天靈、普通靈、動物靈三大類。

靈體是不滅的，在宇宙間不斷輪迴，只是死後「先天靈」回到靈界主神處報到；「普通靈、動物靈」回到陰界閻王處報到。

以上的論述知道之後，就可以開始談書中對「夢境」的闡釋說明。

　　以下摘錄自第九部《人人都是通靈人》來說明「夢境」是靈體的作用：

　　　　「作夢，是靈體的作用，也是靈體傳達給肉體訊息的一種方式。只是夢境中，有些有意義，有些沒有意義。有時候夢境會很精準，常能在夢境中預知一些事情，這就是靈體的蓄意警示。所以，作夢是肉體與靈體的一種溝通互動，是靈體通肉體的具體表現⋯⋯。」

　　從書中知道了「夢境」是由靈體製造出來的，那麼夢境所隱含的真正意義，就只有靈體最清楚。因此，高層次的通靈人，透過從作夢的當事人靈體來調資料，這種解釋夢境才是最真、最正確的。

　　以下摘錄自第五部《我的靈體》書中，談到頂尖通靈人黃老師如何透過靈體來釋夢：

　　　　「黃老師問事，是靠接收神尊或當事人靈體的訊息，不需要當事人姓名或生辰等基本資料，所以每個人都用一個流水編號來做識別。

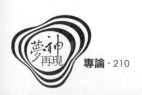

當他們對自己的夢境提出詢問時，黃老師便根據他們的編號，再透過神尊或他們的主神，去詢問他們的靈體，再將靈體在夢中所要表達的訊息回覆給當事人。」

（三）書中的預示

書中一再提到：二十一世紀是「靈的世紀」──因此，靈體特別活躍；及「因果清算的世紀」──因此，天災人禍特別多。

所以，我就集結書中的預示，和我在寫《夢神再現》這段期間前後，所作的「夢境」和感應到的「直覺、第六感」相比對，再次感受到榮格所說的「同步性」震撼！

以下摘自第五部《我的靈體》書中的預示，相當有警世之作用：

「二十一世紀是個靈的世紀，從二十世紀進入二十一世紀，是從一九九○年開始，靈界啟動靈體。

一九九五年到二○○七年的十二年間，二十世紀的舊氣場逐步進入到二十一世紀的新氣場。同時，全世界的先天靈的人，在這十二年間，也均遇到輕重不一的「靈逼體」的問題。

二○○八年，宇宙氣場正式、完全的進入到二十一世紀的亂世氣場。在此同時，靈界也用金融風暴捲襲全球的

方式，造成全世界的金融混亂，用來昭示世人，證明這正是個亂世！

二○○九年到二○一一年，靈界要昭示大家，在經過金融風暴的亂象衝擊後，大家要認清亂世亂象，並自我調整修正。在二○○九、二○一○、二○一一的這三年中，靈界希望凡間的各行業、各階層，都能驚覺體悟到二十與二十一世紀的新舊不同，並進一步的放下二十世紀的舊思維、舊包袱，走上二十一世紀的新觀念、新作為，並在新世紀裡迅速找到自己的一席之地。

簡言之，二○○九年至二○一一年的三年期間，是靈界給世人認清亂世、調整自我、面對新世紀的緩衝年。當大家調整好了步伐，重新站上了起跑線，就要正式面對、迎接二十一世紀的起步年——即二○一二年的到來。

預告中明確指出，二○一○年會有「災難型的水災，與異常（不明的）病菌的干擾，並應注意交通性（如陸海空方面）的災難如車禍等。」

面對新的二○一一年，靈界亦有更為明確的預警告示：

二○一一年，全世界依然處在亂世亂象之中，天災人禍（氣候反常、氣溫失調、大澇大旱、地震、雷災、颶風、水災……）不斷。除此之外，二○一一年將是個不明

病菌捲襲、口舌是非多、暴力事件多的一年，其中不明病菌的捲襲威脅，尤其值得注意。

靈界預示，二〇一一年，不明病菌的干擾與威脅，將顯得特別突出與嚴重。

靈界期盼，當醫界與科學人面臨瓶頸，遇到無法解決的難題與找不出原因的困難之時，應該虛心的、多一層的另從靈學角度切入思考。」

以下摘錄自第六部《靈·靈體》繼續預告：二〇一二年，靈界設定了兩個特殊的意義，值得一提。

「（一）二〇一二年是亂世中經濟的起步：

二〇〇八年的經濟風暴發生後，全世界的經濟專家學者，都在不斷臆測何時才能恢復平穩？何時才能再現生機？當時，筆者即明確的傳達了靈界的訊息；「二〇一二年才是二十一世紀經濟的起步年。」

（二）二〇一二年是二十一世紀的第一個龍年：

二十一世紀是中國人的世紀。

談到中國，令人聯想到「龍」。

龍在中國人心中，有著特別的意義。龍是尊貴、帝王與天子的象徵。而二〇一二年，正是二十一世紀的第一個「龍年」。經濟上，靈界設定二〇一二年是二十一世紀的

經濟起步年，就是取其「龍頭再起」的意思。」

以下摘錄自第四部《人與神》書中的預告：

「（一）靈界聲稱：二十一世紀將是中國與印度邁步起飛的世紀，也是中國稱雄的世紀！」

（二）靈界從二十世紀末期開始，便開始選定一些「投資」的對象，靈界選定這些個別的對象後，會刻意的扶助照顧他們，讓他們「不可思議」的輝煌騰達起來。

（三）在靈界與宇宙氣場的演進史上，十七、十八世紀是「風水世紀」，在那個年代，任何人家業、事業的興敗，莫不與風水有關，因此風水堪輿之學，極其興盛。

十九、二十世紀是「宿命世紀」，風水的影響已漸減、稍弱。

二十一世紀是「靈格、因果的世紀」、風水的影響再又減弱！」

為什麼我會提筆寫《夢神再現》這本書，是有原因的，從二〇〇八年以後，心中有一股莫明的壓力，整個社會的氛圍，包括醫界都在尋求改變。

這段期間，尤其二〇一〇至二〇一二年，「夢境」特別活躍，「直覺、第六感」感應特別多。

因此，二〇一二年，年初，決定動筆把所遇到的重要事件記錄下來，一路似乎有無形助力的幫忙，不斷引導我學習、成長，連睡夢中都在引導寫作方向，寫到哪裡停筆。包括所遇到的人，所看到的書，所聽到的演講，也似乎都有特別的意義。

　　以下所列的「夢境」、「直覺、第六感」是和《夢神再現》書中較有關的記錄，以供比對參考：

2008/底	蝸牛往上爬之夢──之後59夢境一直掛在心中。
2010/12/31	諾亞方舟之夢──夢見自己坐在木造大船裡面，船在巨浪中前進。我坐在船長旁邊，船長正在掌舵，且凝視正前方，大海波濤洶湧，見到澎湖已被大水滅頂，台灣也幾乎被淹沒，船一路接引躲在高處的人上船。
2011/7/底	祖父逝世──剛好雙颱侵襲台灣。
2011/9/11	與張惠福等人見面──解59之夢，剛好中秋節前一天。
2011/10	藥品業務員帶來（MSM）產品──知道市面上有「有機硫化物」產品。
2011/11/10	夢見祖父之墓──當天是祖父逝世百日祭拜，夢中祖父的墓，竟然移到土地公廟前的廣場上，且變成三層建築，應有特別之意義，但我還不知道。
2011/11/16	湯森路透獎公佈──鐘景光老師，大蒜（有機硫化物）治療大腸癌研究，獲得首獎。
2011/11/30	《神奇的一氧化氮》出版──台中晨星出版社發行。也是我第一家接觸的出版社，給了我些寶貴的意見。
2011/12/31	夢的組曲──書中結尾處的三個「夢的組曲」。
2012/1	開始寫作──初稿七月完成。

2012/12/31	歡慶之夢——和白象出版社張輝潭總監接洽，當晚夢見在西螺老家聚餐慶祝。

對照	
《活靈活現》預言	《夢神再現》靈感
2008 ・宇宙氣場完全進入二十一世紀氣場。 ・用金融風暴捲襲全球方式——昭示世人，亂世來臨。	2008/底　蝸牛往上爬之夢。
2010 災難型水災；異常病菌干擾；交通性災難。	2010/12/31　諾亞方舟之夢。
2011 ・天災人禍（氣候反常、氣溫失調、大澇、大旱、地震、雪災、颶風、水災……）不斷，口舌是非多、暴力事件多。 ・其中不明病菌的干擾與威脅。將顯得特別突出與嚴重。 ・靈界期盼，醫界與科學界面臨瓶頸時，應該另從靈學的角度思考。	2011/7　祖父逝世。 2011/9/11　與張惠福等人見面。 2011/10　知道（MSM）產品。 2011/11/10　夢見祖父之墓。 2011/11/16　湯森路透獎公佈。 2011/11/30　《神奇的一氧化氮》出版。 2011/12/31　夢的組曲。
2012 ・亂世中的經濟起步年。 ・二十一世紀的第一個龍年，取其「龍頭再起」之意。	2012/1　開始寫作。 2012/12/31　歡慶之夢。

參考資料

1. 活靈活現：看清影響你今生的前兩世／向立綱著‧初版‧台北市：萬世記身心靈顧問，2008.12。

2. 人鬼之間：活靈活現第二部／向立綱著‧初版‧台北市：萬世紀身心靈顧問，2009.02。

3. 靈體、靈性、靈媒：活靈活現第三部／向立綱著‧初版‧台北市：萬世紀身心靈顧問，2009.03。

4. 人與神：活靈活現第四部／向立綱著‧初版‧台北市：萬世紀身心靈顧問，2010.04。

5. 我的靈體：活靈活現第五部／向立綱著‧初版‧台北市：萬世紀身心靈顧問，2011.03。

6. 靈‧靈性：活靈活現第六部／向立綱著‧初版‧台北市：萬世紀身心靈顧問，2011.10。

7. 靈學與醫學（上冊）：活靈活現第七部／向立綱著‧初版‧台北市：萬世紀身心靈顧問，2012.04。

8. 靈學與醫學（下冊）：活靈活現第八部／向立綱著‧初版‧台北市：萬世紀身心靈顧問，2012.06。

9. 人人都是通靈人：活靈活現第九部／向立綱著‧初版‧台北市：萬世紀身心靈顧問，2013.07。

10. 實習神明手冊：啟動內在感官的自修經典法則／Jane Robers；王季慶譯‧初版‧台北縣新店市：賽斯文化，2008.11。

附錄一

《淨土聖賢錄易解》故事節錄及註解

　　以下從《淨土聖賢錄易解》書中節錄部份故事，願力是內我的大夢，只要願力從心的深處發出，就已經是價值完成（無形面）了，而不是在於真正的完成（有形物質面的顯現），才叫做完成。

　　在〈淨土教主第一〉中，談到阿彌陀佛未成佛前，親自前往「世自在王佛」處所，稟白佛陀：「唯願世尊不捨慈悲，傾聽思察，如是我所發出的『誓願』，今日應當完全地，表露說明：第一願：設使我當得成佛時，……。」當時法藏比丘（阿彌佛陀）說完此四十八大願之後，大地普遍六種震動，天空落下，殊勝妙華，空中傳出，聲音讚歎：「決定必成，無上正覺。」可見，時間只是一個假象，深層念頭一起，就已經成佛了。

　　本書中有大量案例可用來佐證本書觀點，並堅定讀者信心。靈性的覺醒是本書的主要重心，希望各位讀者，能體會出用意。感謝淨土宗的前賢們，留下這麼多珍貴資料。在一千多年前，就有眼光，為這些修行有成者留下紀錄。我主要選取跟靈性的「夢境」，有關的資料佐證，並適度附上我的分析說明。有心的讀者不妨去購買該書，讓無數集體無意識裡的願力一齊來幫你「完成」。

關於《淨土聖賢錄易解》

　　凡有中國人的地方，皆可聽聞阿彌陀佛與觀世音菩薩的聖號。但西方淨土究系幻想中的烏托邦，抑或真有其事，則是徘徊於淨土法門之外的佛弟子，所亟於去探索的。要證明極樂蓮邦絕非虛構，讓人深信切願，並進而努力修行，最具說服力者，莫過於實際的往生例證。

　　《淨土聖賢錄》所載，為歷來往生西方賢哲之事蹟。年代則遠溯晉朝以迄今世，人物則涵括僧俗二眾，乃至鳥獸物類，於淨土教主、諸聖眾之修行及願力亦詳加闡述，以啟發行者之菩提行願。書中所載之往生者，皆依佛說，放下萬緣，一心持念彌陀名號，而預知時至，臨終蒙佛接引，見光、聞香、天樂鳴空、相貌莊嚴等瑞相不一而足。

　　《淨土聖賢錄易解》由慧律法師所著，因原聖賢錄義理深奧、艱澀難懂，原著所成年代久遠，為廣泛利益大眾，慧律法師遂耗時四載以白話翻譯為簡明通暢之詞句，不損其精神，賦予此書新的風貌，並名之為《淨土聖賢錄易解》，用意即在使人易讀、易信、易解、易悟、易入、易修持，俾令一切眾生成。

慧律法師

　　慧律法師1953年出生於台灣雲林，幼年遭逢困頓，深刻體驗人間疾苦。就讀建國中學時，熱衷探討人生哲學，遂博覽群籍，又擔任演辯社主辯人，因而奠定日後博聞強記，辯才無礙的基礎。1974年入逢甲大學參加普覺社（全名普覺佛學社），以此因緣聽聞佛法，並得以親近懺雲法師，李炳南老居士等諸大善知識，乃發心以「振興聖教，正法重現」為己任。自此既深入經藏，精勤不輟。1979年淨土專宗研究所畢業，於鳳山蓮社依煮雲老和尚披剃，又至台中南普陀佛學院跟隨廣化律師學習，深受器重，並委以培育僧才的重責大任。

淨土教主第一

阿彌陀佛：

阿彌陀佛，西方極樂世界教化眾生的導師也，梵語阿彌陀，中文稱無量，因為阿彌陀佛光明無量、壽命無量，所以號阿彌陀。按《無量壽經》之記載：在過去久遠劫以前世自在王佛時代的世界中，有一個國王，聽聞了世自在王佛的說法後，內心充滿愉悅喜樂，發起趨向無上菩提正覺的真實向道之心。放棄國土，捐捨王位，出家做沙門，名為法藏。恭敬前往世自在王佛處所，請求佛陀開示說法，當時世自在王佛為法藏比丘廣泛地說出二百一十億諸佛世界，及其世界中天、人之善惡行為，國土之粗劣惡濁，或善妙殊勝，並應法藏比丘之願，將所有國土的情況，全部顯現給他看。

當時法藏比丘，聽聞佛所說的莊嚴清淨國土，並且承佛的大威神力，而都親眼目睹之後，起發了無上殊勝的願力。此時，法藏比丘，心地清淨，寂然安定，心意無所執著。以長達五劫的時間，思惟修習，選擇攝取了莊嚴佛國，利益眾生的清淨行願，如是思惟修習之後，親往世自在王佛處所，稟白佛陀：「唯願世尊，不捨慈悲，傾聽思察，如是我所發的『誓願』，今日應當完全地表露說明：

第一願：

設使，我當得成佛時，我國土中仍有地獄、惡鬼、畜生三惡道

者，我即不取無上正覺（佛的果位）。

第二願：

設使，我當得成佛時，我國土中諸天、人民，壽命終結之後，仍然墮落經歷三惡道者，我即不取無上正覺。

第三願：

設使，我當得成佛時，我國土中諸天、人民，不全部具足金色身者，我即不取無上正覺。

第四願：

設使，我當得成佛時，我國土中諸天、人民，形貌顏色有所不同，而有美醜差別者，我即不取無上正覺。

第五願：

設使，我當得成佛時，我國土中諸天、人民，不能了知宿世因緣。其最下者，乃至不能得知百千億那由他時劫以來，一切事相因緣者，我即不取無上正覺。

⋯⋯

第四十六願：

設使，我當得成佛時，我國土中一切菩薩，隨著他心志意願想要聽聞到的佛法，自然得以聽聞。若不能如是者，我即不取無上正覺。

第四十七願：

設使，我當得成佛時，他方國土諸菩薩眾，聞我名字，不現生

即得達到不退轉於佛道之位者，我即不取無上正覺。

第四十八願：

設使，我當得成佛時，他方國土諸菩薩眾，聞我名字，不現生即得達到第一法忍、第二法忍、第三法忍，於諸種種佛法，不能即得不退轉者，我即不取無上正覺。

當時，法藏比丘說完此四十八大願之後，大地普徧六種震動，天空落下殊勝妙華，空中傳出音聲讚歎：「決定必成，無上正覺。」

……

法藏比丘，今已成佛，現在西方，距離此娑婆世界十萬億國土的地方，這個佛國世界的名字稱為安樂，自從法藏比丘成佛以來，已經過了十劫的時間。

說明

　　當時法藏比丘（阿彌陀佛）說完此四十八大願之後，大地普徧六種震動，天空落下殊勝妙華，空中傳出聲音讚歎：「決定必成，無上正覺。」

　　以榮格的角度分析：

　　法藏比丘（代表意識）說完此四十八大願（代表集體

無意識之四十八種原型）之後意識與無意識合而為一。整合後所顯現的表徵：

「大地普徧六種震動，天空落下殊勝妙華，空中傳出聲音讚歎：『決定必成，無上正覺』」（曼陀羅展現）

法藏比丘，今已成佛，現在西方，距離此娑婆世界，十萬億國土的地方，這個佛國世界的名字稱為安樂，自從法藏比丘成佛以來，已經過了十劫的時間。

以榮格的角度分析：

經過長時間修行此四十八大願（原型），自我與本我（佛性）互相認同並融合為一。法藏比丘，今已成佛，榮格將這樣的過程稱為個體化。

阿彌陀佛現在西方，這個佛國世界就稱為西方極樂世界，在此教化眾生的導師也。如何與阿彌陀佛產生連結。就是用我們的自我意識堅決相信，佛所說的四十八大願（原型），當意識（自我）與無意識（本我原型）合而為一看見曼陀羅（蓮花）時，就是阿彌陀佛接引至西方極樂世界的徵兆。

現今淨土法門（念佛法門），就是以第十八願（原型）……至誠深心，信願喜樂，欲生我國（極樂世界），乃至十念（阿彌陀佛），若不生者，我即不取無上正覺。

　　佛絕不妄言，雖說這是捷徑中的捷徑。但你也要有本事進入集體無意識（本我原型）中，佛就在哪兒展開雙手迎接你。

　　在《夢神再現》即將完稿的時候，再次巧遇，在母娘宮廟服務的通靈者，我問道：「書即將完稿了。下一步該如何做？」

　　她直接回答：「沉思、迷失？」

　　我直覺愣了一下！哦

　　為了這句話，我再度沉思，思考我到底真正在尋找什麼？三、四個月之後，終於又有了靈感。

　　我知道何謂迷失？因此，書中就增加了說明這一項，來補強連結至本我（神性）之論述的闡明。

　　榮格在中年期的危機中提到，如此人到了這個階段，還沒有覺察到自己的個體化發展。容易導致，誤認為自己的人生沒有意義（迷失了）。

　　以社會標準來看，明明是成功的人生，但心裡總是

存在著不安，無法得到滿足，隨時感到焦慮，非常在意別人的眼光。雖然擁有社會地位、和高收入、以及良好的評價，在現實社會裡是成功者，卻總感到空虛。

為何會有如此的感受呢？因為他們只依據自我來判斷自己的人生成敗，而非依據本我（神性）所追求的方式來生活。

他們的不安來自於本我（神性）對自我的一種訴求，透過無意識強力驅動之下所產生。因為本我（神性）認為目前的生活方式，對當事人的整體內心世界來說，根本一點也不真實。

原來，沉思正是要找尋內在的神性，找到本我（神性）之後，就不再迷失了。所以，《夢神再現》要每個人知道，自己所擁有的內在神性將再重出江湖，指引自己走一條有意義的人生道路。

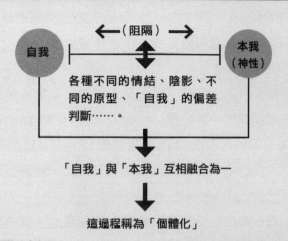

圖示説明：

（一）本我（神性）是原型的最高核心，能夠給予人的內心最終安定的存在，只有當本我（神性）沉穩地存在內心的中心，且所有心理要素（情結、陰影……）都能夠面對本我（神性）時，人才能從心病與不安的糾纏之中獲得解脱。

（二）能夠感受到本我（神性）存在的，當然就是自我了。自我必須積極與本我（神性）攜手合作，唯有自我努力平等面對本我（神性）並與其互補，才能成就一個真正的完整的內心世界。為了達到這個目的，自我必須更堅

強，在強大的理性與自信之下，支撐起我就是我的想法。

（三）自我必須與本我互相認同並合而為一。榮格將這過程稱為個體化過程。

（四）所謂的個體，就是個人能夠，確實掌握住自己的所有內心狀態。而各種不同的心病（各種不同的情結、陰影、不同的原型、自我偏差判斷……），就是在發展個體化的過程中，必須克服的障礙。因此，治療心病的過程；也就是個體化的過程。

（五）榮格認為，如果每個人都能理解，擁有如此美好力量的本我（神性）就存在自己的內心裡，並進而感受到這個本我（神性）時，便能夠獲得那股不可思議的極致喜悅，而這也是人類所追求的終極生活目標。也是人究竟為了什麼而活？這個永遠是人類最大疑問的解答。

闡教聖眾第二

（一）觀世音菩薩

觀世音，梵語稱阿那婆婁吉低輸，現今在西方極樂世界，是一生即可續補佛位的大菩薩。按照《悲華經》的記載，在過去的時

劫中，當阿彌陀佛仍然為轉輪聖王的時候，觀世音菩薩即為此王的第一太子，名為「不眴」。當時，寶藏如來為轉輪王授記以後，不眴太子上前稟白佛陀說：「世尊，今日我以廣大音聲，告知一切眾生，我所具有的種種善根，全部迴向阿耨多羅三藐三菩提（無上正等正覺）。願我行菩薩道的時候，若有眾生遭受到種種苦惱恐怖等事，退失了追求正法的信念和力量，墮落到沒有光明的大黑暗處，身心不安，憂愁孤獨，貧窮困苦的時候。沒有可以求救保護的人，沒有依靠也沒有屋舍。如果他能夠憶念著我，稱念我的名號，而那個求救的音聲，被我天耳所聞，被我天眼所見。如是，一切苦難眾生，若我不能為其免除如此種種痛苦煩惱者，終不成就阿耨多羅三藐三菩提的佛果。世尊，我今天更當為了眾生的緣故，發起最上殊勝的大願。期願，假使當轉輪聖王（阿彌陀佛），在西方淨土安樂世界，做完種種諸佛度化眾生的勝事，入於無餘涅槃之後，乃至正法仍然住世時，我將在那時，修菩薩道利益眾生。當無量壽佛正法，在初夜分滅去之後，我即刻在其後的夜裡，成就阿耨三藐三菩提無上佛果，繼續度化一切眾生。」

當時寶藏佛，馬上為他授記說：「你觀察憶念諸天人民；以及三惡道中一切眾生，而生起大悲心。為了斷除眾生一切的苦惱，為了令眾生住於安穩快樂的處所之緣故，我今日應當命名你為觀世音。無量壽佛入涅槃後，第二個恆河沙數等阿僧祇劫，彼國土轉名為一切珍寶所成就世界。所有種種莊嚴寶物，無量無邊，是安樂世

界所不能及的。你在菩提樹下，成就阿耨三藐三菩提，號為：『徧出一切光明功德山王如來』。」

又根據《觀世音菩薩、得大勢菩薩受記經》記載：釋迦牟尼佛說：「在過去廣大久遠無量不可思議阿僧祇劫，有世界名無量德聚安樂示現，佛號金光師子遊戲如來，其佛國土的清淨莊嚴，是言說讚歎所不能窮盡。在彼佛，佛法教化的區域之內，有一個國王名曰威德，稱王於一千個世界之中。那時威德王，在他的園林樓觀當中，入於三昧禪定的時候，在國王左右有兩朵蓮華，從地裡湧出，有兩位童子，化生於蓮華之中，與威德王一起前往佛陀的座前，頭面接足頂禮世尊，聽佛說法。

當時兩位童子，即說偈頌曰：『諸天龍鬼神，聽我師子吼，我們今天在如來前，立大誓願發菩提心。生死流轉無量劫來，想要推算其源始邊際而卻不可知（不可得）。諸佛為了度脫一個眾生的緣故，尚且無數劫地行菩薩道。何況如今，只是數劫的時間，即可度脫無量眾生，圓滿修行菩提之道，卻反而生起疲乏厭倦的心呢？我等若從今日起，仍然生起貪欲心，如是則為欺誑十方一切諸佛。如果仍起瞋恚、愚癡、染汙、慳貪、嫉妒等心，亦復如是。今日我等說真實語，遠離虛妄不實之心。我等若從今日起，起於聞聲自利的心，不樂於度脫眾生的菩提大道，如此則是欺騙世尊。我等亦不求緣覺聖果，不只是自我濟度利益己身；我等，必定於萬億劫中，以大悲心度脫眾生。如同今日世尊的國土，清淨安樂美妙莊嚴。願我

成佛道之時，我的國土超越此百千億倍的莊嚴。我國土中沒有聲聞眾，也沒有緣覺乘，只有發菩提心的大乘菩薩，其數目無有限量。一切眾生清淨無垢，悉皆具足最上勝妙的喜樂，出生在正知正見的佛法當中，總持一切諸佛法藏。我們這些誓願如果真實不虛，應當震動三千大千世界。』

當二位童子說完，如是偈頌之後。即時，大地普徧震動，百千眾多的樂神及種種樂器，演奏發出和諧優雅的樂音。光明亮麗的微妙服飾，旋轉地從天上降落下來。諸天天神在虛空中，如雨般地散落種種美好末香，其所散發的香氣普徧地流溢薰染開來，歡喜愉悅了眾生的心。當時的威德王難道還有別人嗎？那就是我釋迦牟尼是也，而那時的兩位童子，就是現今的觀世音、以及得大勢菩薩。

此二位大菩薩，於金光師子遊戲如來之處，初發阿耨多羅三藐三菩提心。將來無量久遠，不可計數時劫之後，阿彌陀佛當入涅槃。入涅槃後，正法住世的時間，與阿彌陀佛無量無邊的壽命相等。阿彌陀佛住世及入涅槃後，所度化的眾生，其數量悉皆相同平等、無量無邊。阿彌陀佛入涅槃後，某些眾生即見不到佛，但如果有菩薩證得念佛三昧者，即可時時見到阿彌陀佛的法身常住不滅。阿彌陀佛示現滅度之後，極樂世界一切寶物，流水浴池各色蓮華，以及眾寶所成的一切行樹，仍然恆常演說法音，與阿彌陀佛親身說法沒有差異。

説明

阿彌陀佛
（圓滿）

大勢至菩薩
（阿尼姆斯）

陽　陰

觀世音菩薩
（阿尼瑪）

圖示説明：佛教的西方三聖（三位一體），
也可用來表示完整內心世界象徵。

　　當二位童子說完，如是偈頌之後。即時，大地普徧震
動，百千眾多的樂神及種種樂器，演奏發出和諧優雅的樂
音。光明亮麗的微妙服飾，旋轉地從天上降落下來。諸天
天神在虛空中，如雨般的散落種種美好的末香，其所散發
的香氣普徧地薰染開來，歡喜愉悅了眾生的心。

　　大願一發，馬上顯現曼陀羅的表徵（瑞相）。透過
「佛、菩薩」的示現，更能讓人相信。這是真的，絕無妄
言。

但是，一般人要見到曼陀羅可沒那麼容易。這也就是榮格心理學所要教你的，當「意識與無意識合而為一，完成一個完整內心世界時的表徵」。而要「創造出曼陀羅所需花費的辛勞」，就是「人為了真正瞭解什麼才是人的內心世界所需花費的辛勞」。

　　在前面曾探討「阿尼瑪」（男性內在的陰柔面）時，第四階段：知性的阿尼瑪，這個階段的阿尼瑪，最容易被聯想到的，就是佛教中的觀世音菩薩。祂的美麗，明顯是屬於女性的美，但從祂身上卻感覺不到人類的氣息，而是感受到更超越的高尚、堅強、神祕、偉大與深度知性的女性形象。這就是男性透過內在的阿尼瑪成長，所顯現的曼陀羅（女神）。

　　（完整內心世界時，所顯現的女神）

第四階段（知性的阿尼瑪）
第三階段（靈性的阿尼瑪）
第二階段（羅曼蒂克的阿尼瑪）
第一階段（生物學上的阿尼瑪）

　　以上說明：男性之「阿尼瑪」的四階段成長。

（二）大勢至菩薩

大勢至，梵語稱摩訶那鉢，現今在極樂世界，是第二順位遞補佛位的菩薩。根據《悲華經》的記載，過去阿彌陀佛仍為轉輪王時，大勢至菩薩為第二王子，名字為尼摩。當時寶藏如來幫轉輪王（阿彌陀佛）及第一太子（觀世音菩薩）授記以後，第二王子也稟白佛陀說：「世尊，如我種種所有身口意業，清淨無染的福德善根，全部迴向阿耨多羅三藐三菩提。願徧出功德光明佛」（即觀世音菩薩），剛剛初成佛道時，我必於當時首先請佛大轉法輪。隨著彼佛說法度眾生所經歷的時間，於其中間行菩薩道利益有情。此佛入涅槃之後，等到正法滅盡之時，我緊臨其後，入補佛位圓滿成就無上正等正覺。當我成佛之後，所作弘法利生的種種佛事；我國土世界的種種清淨莊嚴；以及入涅槃後，正法往世的時間，都和徧出功德光明佛所作的所有的，平等無差異。」

那個時候，寶藏如來告訴第二王子：「你今日所願攝取的清淨莊嚴國土世界，必定如你所願。你將於如是最殊勝的清淨世界，成就無上正等正覺，名號為善住珍寶山王如來。由於你發願攝取廣大殊勝清淨莊嚴的世界故，因此命名你為得大勢。」

結合上一篇（觀世音菩薩）所收錄的受記因緣一起看來，應當知道大勢至菩薩與觀世音菩薩，同行同願，經過無量劫以來，彼此不相違背遠離，乃至莊嚴淨土，先後次第成佛，其所修行的功德也都相等。

《首楞嚴經》所陳述的念佛法門，尤其懇切重要：大勢至菩薩稟白佛言：「在我記憶中，於過去恆河沙數時劫以前，有佛出世名無量光。十二位如來，於一劫之中，相繼成佛，最後一位佛陀名為超日月光，彼佛教我念佛三昧。譬如有兩個人，一人專心憶念對方；而另一人則專門遺忘對方。如此兩個人，有時相遇有時不相遇；或者相見或不相見。如果是兩個人都彼此互相憶念，兩個人互相憶念的心思很深。那麼如此乃至於生生世世，就如同形影相隨，不相違背遠離。十方三世諸佛如來，慈悲憐憫思念眾生，就好像慈母憶念最親愛的獨子一樣。如果孩子要遠離逃走，那麼慈母雖然思念孩子又有甚麼用。孩子若是也能想念慈母；就如同母親思念孩子一樣時。母親與孩子雖然經歷多生，也不會互相違背遠離。若眾生心中，憶想佛陀思念佛陀。或者現生或者將來，必定能夠親見佛陀，離佛不遠。不必假藉其他的方便法門，只要專心憶佛念佛，自然可以真心開顯徹見本性。就如同染香的人，身上自然有香氣，這個則叫做香光莊嚴（以佛的法身香、智慧光、莊嚴自心本覺佛性）。我本在初心修行的因地，以念佛之心，入於無生法忍。今日在此娑婆世界，攝受念佛修行的人，導歸於西方極樂淨土。佛陀問我證得圓通的法門，我沒有別的分別選擇，只是一起收攝六根，淨念不斷一心念佛，而達到三摩地、定慧等持的境地。此念佛法門實在是最殊勝方便、最為第一。」

　　大勢至菩薩，以念佛法門入於佛道，乃至修菩薩行，度化眾

生，都不離開這個念佛法門。修行淨土法門的人，應當知道要學習效法啊！

説明

　　那個時候，寶藏如來告訴第二王子：「你今日所願攝取的清靜莊嚴國土世界，必定如你所願。你將於如是最殊勝的清淨世界，成就無上正等正覺，名號為『善住珍寶山王如來』。由於你發願攝取廣大殊勝清淨莊嚴世界故，因此命名你為『得大勢』。」

　　所願必成，因此命名你為「得大勢」，正是以男性強健且英姿煥發的姿態出現。阿尼姆斯（女性內在的陽剛面），發展至第四階段：意義的阿尼姆斯，能夠賦予事物意義和價值，以顯示人生的意義與世界的美好。它所代表的是溫和穩重的男性形象，能夠給予他人精神上的喜悅與滿足，令人稱羨的男性形象。這就是女性透過內在的阿尼姆斯成長，所顯現的曼陀羅（男神）

　　（完整內心世界時，所顯現的男神）

↑ 第四階段（意義的阿尼姆斯）

↑ 第三階段（言語的阿尼姆斯）

↑ 第二階段（行為的阿尼姆斯）

I 第一階段（力量的阿尼姆斯）

以上說明：女性之「阿尼姆斯」的四階段成長。

當時法藏比丘（阿彌陀佛）說完此四十八大願之後，大地普遍六種震動，天空落下殊勝妙華，空中傳出聲音讚歎：「決定必成，無上正覺。」

當二位童子（觀世音菩薩、大勢至菩薩）說完，如是偈頌之後。即時，大地普遍震動，百千眾多的樂神及種種樂器，演奏發出和諧優雅的樂音。光明亮麗的微妙服飾，旋轉地從天上降落下來。諸天天神在虛空中，如雨般的散落種種美好末香，其所散發的香氣普遍地薰染開來，歡喜愉悅了眾生的心。

榮格認為，人在清醒的狀態，也會突然看見某些景象，也就是所謂的白日夢。白日夢也是無意識故意要讓意識看到，由無意識所製造出來的產物。如同「夢境」一樣，將人的內心世界以景象的方式呈現出來。榮格同樣重視白日夢的分析結果。

以下是榮格自己的白日夢，摘自《圖解榮格心理學》：

　　一九一三年秋天，榮格在旅行中突然看見一個令人怵目驚心的白日夢景象。

　　他看到洪水突然氾濫，淹沒了北海與阿爾卑斯山之間的整個北部低窪地區，而且這場大洪水還波及到英國、俄國、北海沿岸以及阿爾卑斯山。

　　許多文明的殘骸漂浮在洪水中，更有為數不少的人類屍體溺斃在洪水裡，整個大海的顏色頓時化為血紅的顏色。

　　沒多久，洪水終於朝著榮格的故鄉──瑞士席捲而來，不過夢中的阿爾卑斯山群也跟著愈來愈高，最後終於擋住洪水的侵襲，保住了故國瑞士。

　　榮格在白日夢裡，看見了好幾次這種超乎尋常的景象，接著在翌年也就是一九一四年的四月、五月和六月，一場毫無預警的天然災害突然發生。在酷熱的盛夏裡，北極寒流突然來襲，不但將大地瞬間化為凍土，許多人還因此喪命。

當時的榮格對於這場突如其來的天然災害，不知道該怎麼解釋，因為他不明白當時自己的無意識讓自己看見的白日夢，究竟想要傳達什麼訊息，跟這場北極寒流所引發的天然災害又有什麼關聯。結果他開始對自己的狀況感到悲觀且不知所措，最後甚至認為自己已經被自己的無意識打敗，變成一個患有心病的人了。

但沒多久，事情開始有了轉變。在一九一四年八月一日，發生了歷史上的一個大事件，也就是第一次世界大戰的爆發。

依據榮格的說法，當時他突然激悟到：「原來自己所看見的『白日夢』，就是在預告第一次世界大戰的發生」，也就是警告自己歐洲即將發生危機，而不是針對個人即將面臨什麼危險的警示。

筆者在大約六歲的時候，也看見過記憶深刻的白日夢，如以下所描述：

在某個晴空萬里的早晨，一群小朋友走在鄉村小路上，往村裡幼稚園方向前進，邊走邊遊戲。不知為何，今天自己突然抬頭仰望天空，在藍天白雲陪襯下，太陽顯得

耀眼但不刺眼，我俏皮的對太陽連眨三下眼睛。

在此同時，突然一道柔軟的白光，從太陽有如九拐十八彎之河水，由遠而近順流而下（如遠看黃河之水天上來之震撼）。然後看見，有如仙女散花般，落下繽紛色彩的花朵和各式各樣的樂器，樂器上還綁著絲巾，隨風飄逸。

散落在草叢之後，化做點點粉紅色光點，在野花雜草上面飛舞跳躍著，如螢火蟲尾巴之小亮光，一閃一閃放光明。小朋友忙著用手掌捕捉小光點。我雙手捧到的小光點，馬上塞進口袋，當作戰利品。

之後到了學校，過了將近二、三十分鐘。我曾瞄了一下口袋，小光點竟然還在口袋裡，一閃一閃地放光。後來，不知何時小光點消失不見了！

長大至今，都快五十歲了，這個白日夢在我心中依然鮮明。因此，我開始著手請畫家幫忙，把無意識對我的顯現，透過圖畫的方式表達出來。這也是因為研究榮格心理學之後才有這種念頭，讓自己的無意識有個出口，得以和意識做整合。不僅能使自己成長，也能因此利益別人，這是個難得的經驗，何樂而不為呢！

圖示說明（彩圖見第2頁）：

（一）一道柔軟的白光，從太陽彎曲順流而下。

（二）落下繽紛色彩的花朵和各式各樣的樂器。

（三）在野花雜草上，飛舞跳躍的小光點。

（四）小朋友在捕捉小光點。

（五）相似度近50％。

中國嶺南奇人董草原《發現治癌大藥》讀後感想

〔書中醫者介紹〕：

「董草原，廣東省化州市人，曾入選《世界名人錄》、《中國名人譜》。

董草原研究陰陽八卦、易經、陰陽五行，以及醫、卜、星、相、風水學。他以陰陽生命學的觀點，進一步深入癌症研究，走遍三分之二中國，調查超過十萬個病歷，為中國著名治癌專家，著有《易經與癌症》、《生命與疾病》等。

歷經四十餘年艱苦探尋和實踐，創建了「陰陽力致癌—治癌理論」，取得了卓著療效，臨床治療各類癌症患者萬餘人，成為民間廣為稱讚的「治癌專家」。」

——《發現治癌大藥》

嶺南奇人董草原，是個傳奇人物。一九七五年得到骨癌後，透過自學，無師自通，治療了自己的癌症，之後成為草地醫生。

他宣稱發現了治癌大藥，在我看來所謂的「大藥」就是仙丹。這就引起我的注意，因為當我發現中國仙丹（有機硫化物）之後，才幾個月的時間就找到了知音，我在台灣，他在大陸，各自發展，各自研究，沒有關聯，最後在於闡明大藥或仙丹的「理論」想法，竟然契合。再次感受到榮格「同步性」理論的震撼。我把他的治癌理論畫成簡圖：

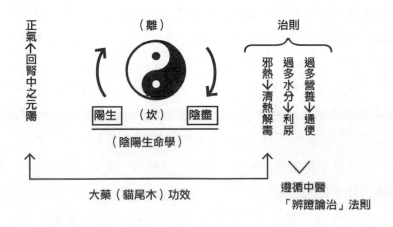

圖示說明：
①董草原自創的「陰陽力致癌─治癌理論」，貓尾木的奇特之處在於，它是寒涼藥（用於清熱解毒），但卻能回腎中之元陽，符合煉丹家回「坎」中之一陽的精神。
②董草原強調，治癌先治熱（清熱解毒）。癌症不宜攻（化療、手術、活血化瘀……）、補（過度營養補充）；宜解（清熱解毒）、瀉（通利大小便）。

·〔回顧董草原尋找大藥的過程〕：

在尋找大藥的過程，他就像古代的煉丹家一樣，也從五金八石下手，自己也吃了「水銀」、「雄黃」……等有毒的重金屬藥物，因副作用大而放棄。

後來，從尋找「草藥」下手，憑著他對易經的了解，發現「逆向思維」規律，最後找到「貓尾木」。

在他的觀念裡，「治癌先治熱」的自創理論產生後，開始尋找藥物，以下摘自《發現治癌大藥》書中說明：

「他開始按照自己的理解進行藥物配伍，他首先想到了水銀這種大寒之物，降熱最有奇效，他以這種想法配出了第一副治癌藥。……試了以後，我當時就感覺到不好，僅僅吃了不到一克左右，哇，熱力從五臟六腑裡往下走，很難受，像要沒命一樣，人眼看著就沒了火氣。

吃了以後就發現這個藥太厲害了，不行。……後來他又試驗雄黃，效果很不理想。這種沒有生命的礦物質，所起作用都是暫時的，而且副作用大於正作用，多吃一點就沒命了……。治病救不了人就沒意義了。

董草原挖空心思去尋找藥物，主要是草藥。他堅信這樣一個樸素的真理：同是自然的產物，人類得到了某種病，大自然中肯定就會有應對和醫治這種病的物質。

董草原的智慧之處在於，他沒有像神農嚐百草那樣用「拉大網」的方法去搜尋，而是緊緊地抓住自己發現的這個「逆向思維」並按照逆向思維規律：

　　既然癌症是人體中亢進的熱力反常所導致細胞的極變，常規性的藥物不起作用，那麼，就必須由性能「反常」的植物來應對。

　　他首先想到「夏枯草」。這種草的最大特性是「反季節」生長，冬春生長、夏季枯萎，有袪肝火、散鬱結的作用，而且解表利水。

　　經過自己嘗試之後，覺得夏枯草還是不理想。對於凶頑的癌熱來說，他的能量遠遠不夠用。

　　那麼，有沒有一種更具降熱效果的草藥呢？

　　他終於想起了嶺南一帶獨有的奇樹「貓尾木」。

　　這種樹之所以「神奇」，就在於它「反季節」、「反常理」的生長習性。夏天，別的植物生命力最旺盛的時候，它就枯萎了，它的冬天就是夏天；而冬天呢，則是它生長最旺盛的時候，就在嚴冬季節裡開花、結籽、成果實。或許就因為它的這種「非常」的習性，因此具有「非常」的，相反相成的神奇效果？

　　……，李時珍都不知道有這種藥。《本草綱目》也沒有這種藥物……。」

　　以下來介紹治癌神藥貓尾木：

董草原介紹道：「它就是治療癌症的特效藥，『消癌根』裡它是主藥……。」

早年這種樹在嶺南一帶多的是，田畔山間都有，粗的可以用懷抱。

由於它的全身是寶，花、果、葉、樹皮、樹根都能入藥，清熱解毒有特效，……。你知道吧？這種樹最奇特之處在於它是「反季節」生長哩！

盛夏時節嶺南，鬱鬱蔥蔥，百木競秀，唯有它的葉子全部掉光，……。進入秋天之後，它的葉子開始慢慢生長。到了冬天的中後期，它反倒處於最茂盛的狀態，……。枝頭開放著喇叭狀的花朵，十分醒目，花朵外壁是血紅色，內壁卻是嫩黃色的，中心有紅色的花蕊環狀交織。開過的花朵就結出果實……。

等到春天來臨，它的果實就會成熟，像棕色的貓尾巴一樣，悠長地搖曳在春光裡。

不僅如此，更奇特的是它的花朵白天萎縮，一到夜間就燦然開放。

據說，尤其是子夜時間開得最盛、最為豔麗。

——摘自《發現治癌大藥》

從以上的描述，可以知道「貓尾木」的一些特性：

①夏季葉子掉光。 ┐ 植物體性寒 → 清熱解毒。
②冬季葉子茂盛。 ┘

③花朵喇叭狀像個子宮。 ┐ 寒冬子夜 → 生命力旺盛。
④花朵白天萎縮，夜間燦然開放。 │
⑤花朵子夜時間開得最盛、最為豔麗。 ┘ 有回「坎」中一陽之象。

看了這些特性，我似乎見到一位道家修行人，化作「貓尾木」，在寒冷萬籟俱寂的「冬夜」，就在「正子時」時刻，靜靜地，在星空下打坐，貓尾木是個道行高深的修行人，坐定時，一股氣從它的海底輪（子宮）往上竄，直衝天靈蓋，三花聚頂，與宇宙氣場融為一體。

我把它的特性和「有機硫化物」作比較：

①有機硫化物從「硫黃」轉化而來 → 硫黃大熱，像夏天。 ┐
②有機硫化物乃天地自然煉成，存於植物體內 │ 清熱解毒
　→ 硫黃轉化後，性變微寒，像冬天。 ┘

③有機硫化物（MSM）→ 又名筋骨素
　　　　　　　　　→ 內在壯筋骨
　　　　　　　　　→ 肝主筋，腎主骨。
④有機硫化物 → 外在頭髮、指甲生長快又茂盛。
　　　　　→ 頭髮（腎之華）、指甲（肝之華）。
⑤有機硫化物無毒，通透性強 → 幫助全身修復工作。

肝腎在中醫是最底層（深層）的內臟功能→生命力旺盛

有回「坎」中一陽之象

把「貓尾木」和「有機硫化物」作簡圖比較：

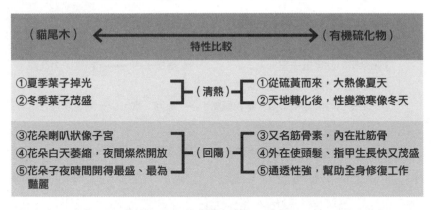

圖示說明：比較了「貓尾木」與「有機硫化物」之後，似乎已經回答了所有的問題，它們同樣擁有「清熱、回陽」之功，榮格的「同步性」震撼，在我心裡再度出現。

　　最後談談，董草原治癌的三原則：藥物治、環境治、精神治，三管齊下。

　　顯示在藥物治療外，其實他也非常重視「心理、精神」層面——這些都是根本的問題，從根本改造一個人，病好了，個性也改變了，心靈也獲得成長，才是真的「因禍得福」。

　　以下摘自《發現治癌大藥》書中，談到回到原點，從心開始：

　　「此時此刻，我恍然悟出：這棟『癌症樓』太像一個女性的子宮了！

董草原的全部用意，其實就是讓住進來的病人們回復到「嬰兒態」——扔掉以往的生活方式和習慣，忘卻生命經驗和健康觀念，像嬰兒一樣，從零開始，從吃液態食物開始，一點點汲取那些真正的生命營養；從「聽話」開始，從植入每一個正確的語詞、觀念開始；從重新學會認知和分辨自然節氣、草木春秋開始；從重新聆聽你身體的每一種官能知覺、溫飽冷熱開始；從學會尊重自然山、水、風、聲、色與你的身體的關係開始，直到醫好你的病，從這裡出去，變成一個『新人』。在這個『子宮』裡，住院者得到了最本質的善待與呵護……。

站在樓內，我感受到四周房間裡，那些已經被癌症摧毀了的生命，在這種呵護之下，被重新『孕育』、重新一點一點成長的過程……。」

生命的成長是回到內在，找到根本的自己，就像回到母親的子宮中，重新被塑造。

以下談談榮格的想法，榮格在波林根湖畔建一座塔樓，後來不斷增建，他非常重視塔樓，從以下這些話就可看出來：

「一九二三年母親去世之前，我在波林根湖畔建了一座塔樓。一開始我就知道那是使我變成熟的地方。

開始建塔樓時，正好是在母親去世之前，塔樓對我而

言，象徵著母親的體內。

一九二七年，覺得有些不足，於是加蓋別棟。

一九三一年，就這樣子，每隔四年，我一共建造了四座塔樓，正好是四位一體的代表。

一九五〇年，我用石頭刻了一個紀念碑，以記錄塔樓對我的意義。

一九五五年，妻子死後，我感覺到『必須面對自己』的義務。

我已不能繼續躲在母親的塔樓裡，必須建立自我。

之後，我經常在塔樓裡靜坐冥想。

在那裡，幾個世紀似乎同時並存。

在思考永恆時，我進入超越時間的忘我狀態。

『現在』包含了『過去』及『未來』，所以『現在』敞開心靈，才能『永遠』敞開心靈。」

——摘自《漫畫榮格》

參考資料

1.發現治癌大藥：一代宗醫攻克癌病實證／趙中月、田原著．初版．台北市：有鹿文化，2012.12。

2.漫畫榮格：心靈體驗和深層心理學／阪本未明編繪；簡美娟、廖舜茹譯．初版．台北市：台灣先智，2001（民90）。

新識界（13）

夢神再現

建議售價‧250元

國家圖書館出版品預行編目資料

夢神再現／廖世隆著. 一初版.一臺中市：
白象文化，2014.03
　　面：　公分.——（新識界；13）
ISBN 978-986-5780-71-5（平裝）
1.道教修鍊 2.中醫診斷學 3.解夢
235　　　　　　　　　　103000882

作　　者：廖世隆
校　　對：廖世隆
專案主編：水邊、黃麗穎
編 輯 部：徐錦淳、黃麗穎、林榮威、吳適意、林孟侃、陳逸儒
設 計 部：張禮南、何佳誼、賴澧淳
經 銷 部：焦正偉、莊博亞、劉承薇、劉育姍
業 務 部：張輝潭、黃姿虹、莊淑靜
營運中心：李莉吟、曾千熏
發 行 人：張輝潭
出版發行：白象文化事業有限公司
　　　　　402台中市南區美村路二段392號
　　　　　出版、購書專線：（04）2265-2939
　　　　　傳真：（04）2265-1171
印　　刷：基盛印刷工場
版　　次：2014年（民103）三月初版一刷

設計編印

白象文化｜印書小舖

網　　址：www.ElephantWhite.com.tw
電　　郵：press.store@msa‧hinet‧net